高等学校教材

体育与健康

（课程思政案例精选）

主编　聂东风

西北工业大学出版社

西安

【内容简介】 本书是为高等学校体育类课程编写的教材。全书分为上篇"球类运动"和下篇"非球类运动"，共 12 章。上篇包括第一至七章，内容为篮球、排球、足球、橄榄球、乒乓球、羽毛球和网球等课程思政案例，下篇包括第八至十二章，内容为武术、游泳、健美操、体适能和田径等课程思政案例。

本书既可作为高等学校体育课教材，也可供其他人员阅读参考。

图书在版编目（CIP）数据

体育与健康：课程思政案例精选 / 聂东风主编.
西安：西北工业大学出版社，2024.11. — ISBN 978 - 7 -
5612 - 9468 - 0

Ⅰ.G641

中国国家版本馆 CIP 数据核字第 2024XY7036 号

TIYU YU JIANKANG（KECHENG SIZHENG ANLI JINGXUAN）
体 育 与 健 康（课 程 思 政 案 例 精 选）
聂东风　主编

责任编辑：蒋民昌	策划编辑：蒋民昌
责任校对：杨　睿	装帧设计：董晓伟

出版发行：西北工业大学出版社
通信地址：西安市友谊西路 127 号　　邮编：710072
电　　话：(029)88491757，88493844
网　　址：www.nwpup.com
印　刷　者：西安五星印刷有限公司
开　　本：710 mm×1 000 mm　　1/16
印　　张：13
字　　数：200 千字
版　　次：2024 年 11 月第 1 版　　2024 年 11 月第 1 次印刷
书　　号：ISBN 978 - 7 - 5612 - 9468 - 0
定　　价：55.00 元

体育与健康
（课程思政案例精选）
编 委 会

主　　编　　聂东风

副主编　　王　成　　牛清梅　　徐耀铎

编　者　　聂东风　　赵　琳　　郝　玮

　　　　　　王　成　　王小乐　　徐耀铎

　　　　　　郭　雅　　阴甜甜　　牛清梅

　　　　　　李勇杰　　丛日旻　　文建生

　　　　　　孙美晨　　彭　琼　　王志峰

　　　　　　于　琪　　程丽娟

前　言

　　党的二十大报告指出"全面贯彻党的教育方针，落实立德树人根本任务，培养德智体美劳全面发展的社会主义建设者和接班人"。全国高等学校思想政治工作会议和全国教育大会等重要会议，深刻阐述了我国高等教育事业发展路线以及高等学校如何开展思想政治工作等一系列重要问题。不断探索中国特色社会主义与教育思想政治工作融合的道路与方法，是指导"课程思政"工作的行动纲领。西北工业大学积极践行文件精神，奋力建设以形成"门门课程有思政，门门课程奔一流"的局面。体育作为学校教育五育（德育、智育、体育、美育和劳动教育）并举的重要内容，事关学生的身心健康成长，是学生全面发展的根基，将"课程思政"融入体育课程教学，对于实现体育育人目标具有重要的意义。教育部在《高等学校课程思政建设指导纲要》中明确指出，"体育类课程要树立健康第一的教育理念，注重爱国主义教育和传统文化教育，培养学生顽强拼搏、奋斗有我的信念，激发学生提升全民族身体素质的责任感。"

　　新时代体育课程教学不仅要重视技能目标，还要重视"思政教育"的目标。高校体育课程教学蕴含着丰富的思政教育内容，可以帮助学生树立社会主义核心价值观，培养学生吃苦耐劳、团结协作等精神，使之成为德智体美劳全面发展的社会主义建设者和接班人。体育课程思政可以通过深化课程目标、内容、结构、模式等方面的改革，把政治认同、国家意识、文化自信、人格养成等思想政治教育导向与体育课程固有的知识、技能传授有机融合，实现显性教育与隐性教育的有机结合，促进学生在体育方面发展，充分发挥体育教育教书育人的作用。

　　高校体育课程思政理念、实践要贯穿体育教育教学全过程。这就要求体育教师要加强课程思政培训,树立课程思政意识。在体育教育教学中要充分挖掘体育课程思政的教育教学内容体系和层次,如中华体育精神是民族精神在体育中的集中体现,探究其核心元素为遵纪守法、为国争光、无私奉献、科学求实、团结协作、顽强拼搏的内涵。同时,要基于不同体育运动项目,理清项目共性与个性特点,有针对性地进行课程思政教学设计。

在体育课程思政具体的方式方法方面,体育教师既要以身为范,言传身教,又要潜移默化发挥体育精神思政教育功能,以润物细无声的方式,潜移默化地使学生接受马克思主义、爱国教育,使学生在体育学习、锻炼之余,自觉运用马克思主义理论分析问题、解决问题,做到学以致用。

西北工业大学体育部积极贯彻落实党和国家、学校相关课程思政精神,下属的体育部课程思政研究中心多次组织教师进行体育课程思政培训学习。体育教师积极践行体育课程思政教学,数名教师在多年丰富的体育教育教学经验基础上,充分挖掘体育课程思政素材,认真总结、升华理论,以不同体育专项项目为基准编写案例,使《体育与健康(课程思政案例精选)》得以编写成册。

本书由聂东风任主编,王成、牛清梅、徐耀铎任副主编,聂东风、王成、牛清梅、徐耀铎进行了意识形态方面的把关,程丽娟参与部分章节的编校,全书由聂东风统稿。编写人员分工为:赵琳、郝伟编写第一章,王成编写第二章,王小乐编写第三章,徐耀铎、郭雅编写第四章,阴甜甜编写第五章,牛清梅、李勇杰编写第六章,丛日旻编写第七章,文建生编写第八章,孙美晨编写第九章,彭琼编写第十章,聂东风、王志峰编写第十一章,于琪、牛清梅编写第十二章。

在本书的编写过程中,参阅引用了相关作者的作品内容及相关图片,西北工业大学出版社蒋民昌编辑也给予热情帮助与指导,在此一并致谢!

由于水平有限,书中疏漏和不妥之处在所难免,敬请读者批评指正。

编　者

2024 年 3 月

目　　录

上篇　球类运动

下篇　非球类运动

上篇　球类运动

第一章　篮球课程思政案例

案例 1　不忘初心，砥砺奋进，走好新时代的长征路

一、素材介绍

(一)案例素材名称

不忘初心，砥砺奋进，走好新时代的长征路。

(二)素材内容简介

"苦不苦，想想长征二万五。"这绝非戏谑之语，而是一语道出了长征这一壮举留给历史和留给后人最醒目、最易生发感慨的印记，那便是一个"苦"字。

长征之路，红军官兵遭遇的苦难不计其数，难以名状。且不说敌人一层又一层的围困、一轮又一轮的追堵带来的一场场紧张而惨烈的战斗，让红军承受了怎样严酷的生死考验，就是用双脚去翻越那一座座陡峭险峻的高山，去跨越那一道道激流汹涌的江河，其中之难、之险、之苦可想而知。至于在饥寒交迫中爬雪山、过草地、啃树皮、嚼菜根，红军更是经历了艰难困苦的考验，留下了一个个感天动地的故事。

二、思政育人

(一)思政育人主题

铁心跟党走，却始终不怕苦、不惧难，表现出大无畏的革命英雄主义情

怀和百折不挠、昂扬向上的斗志,加强大学生"吃苦耐劳,艰苦奋斗"的理念教育。

(二)思政主题释义

吃苦耐劳:要以苦为荣,以苦为乐。作为新时代的大学生,应志存高远、忠于祖国,努力做新时代具有远大理想和坚定信念的爱国者。

艰苦奋斗:勤奋学习、锤炼身心,努力做新时代具有过硬本领和高尚品格的接班人。要始终保持积极向上的精神状态,努力做到不动摇、不退缩、终生坚守,做维护人民利益的忠实践行者。

三、素材应用

(一)素材媒体形式

本案例通过网络视频、网络文章展现。

(二)素材应用建议

本素材可以应用于面向学生开设的篮球专项课程的教学过程,可在专项课程中的身体素质练习环节中穿插应用。

(三)引用及版权说明

案例所选用素材来源于网络,无知识产权异议和纠纷。对案例的教学或其他使用、引用等方式约定:教师教学过程可直接使用,其他使用、引用请注明西北工业大学课程思政教学素材案例。

(四)素材应用示例

1.案例可应用于大学体育与健康类篮球专项课程学习

教学内容:篮球专项课程中所有的身体素质练习单元。

2.教学设计

(1)教学目标:通过课程教学中身体素质单元练习,希望规范学生健康运动理念,树立"终身运动"思想,指导学生科学健身,增强学生各项身体素质。能够对身体素质练习形成初步认识,初步掌握身体素质练习的基本方法;激励大学生面对困苦不轻易低头,坚持到底,才能取得最终的胜利。加强大学生"吃苦耐劳,艰苦奋斗"的理念教育。

(2)课程思政融入方法:历史情境代入:以长征关键战役或事件命名训练项目,增强代入感(如"飞夺泸定桥"平板支撑)。任务驱动教学:设计团队挑战任务,模拟长征中的集体协作与攻坚克难。故事激励法:结合长征历史片段,讲解革命先辈的坚持与信念,引导学生反思自身责任。反思总结法:通过课堂讨论与课后感悟,深化对"初心"与"奋斗"的理解。

(3)课程思政教学实施过程:在身体素质练习环节,一般安排在课程结束部分。经过一个多小时的学习和练习,大学生体能基本已经达到疲劳环节,如果再进行最后的身体素质强化练习,大学生的抵触情绪会加重,叫苦叫累。此时引入大学生熟知的"红军长征路上的艰难困苦"的经典案例,并通过设置情景,如平板支撑模拟飞夺泸定桥情景、四线折返跑模拟极速行军情景等,让大学生在情景练习中,想象自己就是长征路上的红军,今日我们砥砺前行的点滴艰辛,不过是历史长河中的一粒微尘。深知自己现在所吃的苦与长征路上的苦比起来并不算什么。在身体素质锻炼的同时让大学生受到思想政治教育,身临其境,促进知识传授与价值引领相得益彰。

3.教学效果

体能提升:通过高强度训练,学生心肺功能、力量与速度数据显著提高。

思政内化:90%以上学生表示"被长征故事激励",课堂任务中主动帮助队友的现象增加。

团队意识:小组任务完成效率提升,学生反馈"更理解集体力量的重要性"。

4.教学反思

创新点:情境化设计有效调动学生积极性,体能训练与思政教育自然融合。长征故事与音乐、视频的结合,增强了情感共鸣,深化了课程感染力。

不足:部分体能较弱学生难以完成高强度任务,需分层设计挑战难度。思政讨论时间较短,部分学生发言深度不足。

改进措施:增设"弹性任务"(如设置不同组数或跑动距离),尊重个体差异;布置课后延伸任务:撰写"我的长征路"短文,结合个人成长目标深化思考;邀请思政教师联合设计"长征精神"微讲座,增强历史认知深度。

(作者:赵琳)

案例2 使命在心,责任在肩,做敢于担当的新时代青年

一、素材介绍

(一)案例素材名称

使命在心,责任在肩,做敢于担当的新时代青年。

(二)素材内容简介

提到篮球比赛中的绝杀,可能大家第一时间想到乔丹最后的经典一投。但提起中国男篮的绝杀,国手王仕鹏在世锦赛上对阵斯洛文尼亚最后的三分球绝杀就不得不提,非常经典。

2006年篮球世锦赛上,在比赛最后 5.8 s 时,斯洛文尼亚进攻打进,此时中国队 75∶77 落后斯洛文尼亚 2 分。刘伟发底线球,将球交到王仕鹏手里时比赛还剩下 5 s,相信此时大部分的球迷和场上的球员都有点放弃了。

然而,王仕鹏接球后非常坚决地快速带球突破半场,在对手 2 人的防守下,来到三分线外的 45°角,没有任何迟疑,他利用运球急停躲过对手的防守,跳投三分球命中(此时王仕鹏出手时仅剩下 0.2 s)。当时所有球迷都紧张得不能呼吸,但随后就听到解说员疯狂地呼叫,中国队绝杀了斯洛

文尼亚,中国队赢啦!

时至今日,中国篮球依然铭记着这场经典的绝杀比赛,因为这是属于中国篮球队的高光时刻。在姚明和王治郅等队员相继退役后,中国男篮遇到了不少的困难,新老交替问题一直存在,除了易建联苦苦支撑着中国篮球,看不到有后起之秀能够接过中国篮球的大旗。因此,回顾王仕鹏的绝杀球,希望中国年轻的篮球队员们能够在场下苦练球技,在场上敢于担当,为中国篮球的未来贡献力量。

二、思政育人

(一)思政育人主题

做任何事情要明确责任,敢于承担重任,在关键时刻明智判断,敢于出手,加强大学生"责任与担当"的理念教育。

(二)思政主题释义

自古以来中国传统文化中就有以"修身、齐家、治国、平天下"为准则的责任意识和担当精神。勇于担当源于事业心和责任感。没有干事业的崇高追求,没有昂扬向上的精神状态,没有舍身忘我的拼搏精神,事业是不可能成功的。

大学课业繁重,学习漫长艰苦,步入社会生活压力大。无论何时,大学生必须时刻认清自己的责任,不畏责任,勇于承担责任。面对工作学习中的困难,相信自己,勇于挑战,毫不退缩。没有做不好的工作,只有不负责任的人。

三、素材应用

(一)素材媒体形式

本案例通过网络视频、网络文章展现。

(二)素材应用建议

本素材可以应用于面向大学生开设的篮球专项课程的教学过程,可在专项课程中的运球急停跳投、接球急停跳投、持球突破接急停跳投等教学单元中穿插应用。

(三)引用及版权说明

案例所选用素材来源于网络,无知识产权异议和纠纷。对案例的教学或其他使用、引用等方式约定:教师教学过程可直接使用,其他使用、引用请注明西北工业大学课程思政教学素材案例。

(四)素材应用示例

1.案例可应用于大学体育与健康类篮球专项课程学习

教学内容:篮球专项课"运球急停跳投技术"单元课程。

2.教学设计

(1)教学目标:通过本节课专业教学内容,希望规范大学生健康运动理念,树立终身体育的思想,指导大学生科学锻炼;能够对篮球运动形成初步认识,初步掌握运球急停跳投技能;教授大学生做任何事情的关键时刻要敢于承担重任,孤注一掷,加强大学生"责任与担当"的理念教育。

(2)课程思政融入方法:

典案例分析法:解析王仕鹏绝杀前的战术背景、心理状态与团队信任关系。

情境压力模拟法:设置"最后3 s落后1分"的实战场景,强化责任意识。

角色代入教学法:学生轮流担任"关键球执行者",体验"使命必达"的心理挑战。

价值隐喻联结法:将技术动作(如急停"稳"、出手"准")映射为"担当需沉稳""使命必精准"的价值观。

(3)课程思政教学实施过程:在讲解急停跳投技术时,引入大学生熟知的"男篮国手王仕鹏绝杀斯洛文尼亚"的经典案例,并通过情景模仿,让大学生在急停跳投练习中,想象自己就是国手王仕鹏,每一次投篮都决定着比赛的胜负和国家的荣誉。模拟"最后3 s落后1分"场景,学生轮流执行绝杀球。投篮不中则全队折返跑,强化"个人表现影响集体"的责任意识。

体育的影响远远超越体育本身,引出思政育人主题。

3.教学效果

技能提升:近 90％学生掌握急停跳投基础动作,命中率提高约 30％。

思政显性化:通过课堂观察,主动申请执行"绝杀球"的学生占比从三分之一提升至四分之三;通过课后反馈,92％学生认同"能力越大,责任越大"的课堂价值观。

团队凝聚力:对抗赛中"主动掩护""信任传球"等团队行为增加 40％。

4.教学反思

创新点:将技术细节(急停制动)与精神品质(责任担当)建立隐喻联结,避免思政"贴标签";通过"责任传递"热身、"压力递增"训练设计,实现"身体记忆"与"价值内化"同步。

不足:部分心理素质较弱学生在"绝杀场景"中动作变形,需增加渐进式压力训练;思政讨论深度受限于学生篮球认知水平,个别发言流于口号。

改进方案:增设"压力分级挑战"(如 5 s→3 s→1 s 倒计时),逐步提升心理适应力;引入社会责任感延伸讨论:如"疫情中的青年担当"与"球场担当"的共通性。

(作者:赵琳)

案例 3　听党指挥跟党走,危难时刻显身手,争做新时代的"冰雕连"

一、素材介绍

(一)案例素材名称

听党指挥跟党走,危难时刻显身手,争做新时代的"冰雕连"。

(二)素材内容简介

2020 年是中国人民志愿军抗美援朝出国作战 70 周年。70 年前,中国人民志愿军雄赳赳、气昂昂,跨过鸭绿江,历经两年零九个月舍生忘死的浴血奋战,最终赢得了抗美援朝战争的伟大胜利。在抗美援朝数次战役中,最为惨烈的战役非长津湖之战莫属了。长津湖战役中,志愿军三个连队战士全部保持战斗姿态全员冻死在战场上,成为了一座座冰雕,史称"冰雕连"。如今,战火已经远去,和平发展仍是世界主题,但"冰雕连"那坚定的信念力、宁死不屈的磐石意志、绝对的执行力不能被遗忘,应该被世人感悟、铭记和传承发扬。

"冰雕连",是中华民族伟大复兴的力量源泉。人无精神不立,国无精神不强。唯有精神上站得住、站得稳,一个民族才能在历史洪流中屹立不倒。当前,我国正处于实现中华民族伟大复兴关键时期,改革发展正处在攻坚克难的重要阶段。实现民族复兴,不会一帆风顺,会充满风险挑战乃至惊涛骇浪。面对形势环境变化之快、改革发展稳定任务之重、矛盾风险挑战之多,每一个中华儿女都应从"冰雕连"故事中汲取丰厚的精神营养,不畏强敌、不惧风险、敢于斗争、勇于胜利,用一个个无悔于青春、无愧于历史的业绩,努力为党建功、为人民造福。

二、思政育人

(一)思政育人主题

伟大的祖国日益强盛,为了实现中华民族的伟大复兴,更需要这种"冰雕连"的爱国情怀和英雄精神,以此激励每一个中国人扛起肩膀上沉甸甸的家国责任,不忘初心、砥砺奋进,去努力、去奉献!

(二)思政主题释义

明确所列出的思政育人主题在本素材中所对应的内容,或者是如何从本素材中延伸出所列育人主题。在日常工作、学习、生活中磨炼培养出强大意志力是大有好处的。意志是成事的关键,能提供人前进的动力。意志坚定,才能在大是大非面前坚定立场,做到旗帜鲜明,在各种风浪中不畏惧不退缩,在遭受挫折时立得住、关键时刻豁得出、危难时刻顶得上,才能取得最终的胜利。

三、素材应用

(一)素材媒体形式

本案例通过网络视频、网络文章展现。

(二)素材应用建议

本素材可以应用于面向学生开设的篮球专项课程的教学过程,可在专项课程防守滑步,一对一攻防技术等教学单元内容中穿插应用。

(三)引用及版权说明

案例所选用素材来源于网络,无知识产权异议和纠纷。对案例的教学或其他使用、引用等方式约定:教师教学过程可直接使用,其他使用、引用请注明西北工业大学课程思政教学素材案例。

(四)素材应用示例

1.案例可应用于大学体育与健康类篮球专项课程学习

教学内容:篮球专项课"防守滑步"和"半场一对一攻防"教学单元。

2.教学设计

(1)教学目标:通过本节课的教学内容,掌握防守滑步技术(侧滑步、交叉步、封堵路线)及一对一攻防的战术意识。提升防守耐力和对抗中保持战术纪律的执行力。通过"冰雕连"案例,理解"绝对服从、坚守使命"的纪律性与集体主义精神;培养学生面对困难时坚韧不拔的意志品质,强化"关键时刻站得出、顶得上"的责任担当意识。

(2)课程思政融入方法:

历史场景复现法:用雨雪天模拟长津湖环境,增强防守训练的代入感。

使命任务驱动法:设计"阵地坚守"防守任务,规定失分即"阵地失守",强化使命感。

对抗隐喻法:将进攻方喻为"外部挑战",防守方喻为"使命防线",技术动作映射精神内核(如滑步"不退"对应信念"不动摇")。

（3）课程思政教学实施过程：三人一组"三角封锁"滑步练习，要求同步移动封锁进攻路线；一对一攻防对抗，设置"只防右手突破"规则，需连续成功防守进攻两回合；教学比赛中，模拟"长津湖阻击战"，防守一方需在5 min内阻止进攻方得分超过10分；设置处罚规则，犯规的学生需停止一回合攻防，防守方需在人数劣势下坚持"战术纪律"。在教授防守滑步技术时，学生往往感觉辛苦和乏味，此时引入长津湖电影中的冰雕连案例，讲解志愿军战士在如此寒冷艰苦的条件下，仍都能誓死坚守阵地，将祖国和人民的利益放在首位，坚决听从党的指挥。从而激发学生吃苦耐劳，顽强不屈的精神。

3. 教学效果

技能提升：80％学生掌握滑步封堵路线技巧，一对一防守成功率提高25％。

课后反馈：近90％学生表示"深刻体会到坚守纪律的重要性"。

团队意志力：劣势对抗中"互相提醒站位""高喊口号鼓劲"等行为增加50％。

4. 教学反思

创新点：通过"环境模拟＋角色赋予"实现历史场景的情感沉浸，让思政教育显性比；将"失分"转化为"阵地失守"，赋予技术训练强烈的使命叙事，避免说教化。

不足：部分学生对历史背景陌生，情感共鸣存在差异。

改进措施：课前布置《长津湖》观影任务，夯实历史认知基础；延伸设计"社会防线守护者"调研：组织学生访谈消防员、边防战士，深化对"坚守"的理解。

(作者:赵琳)

案例4　毅力成就梦想，拼搏铸就辉煌：记奥运旗手王立彬

一、素材介绍

(一)案例素材名称

毅力成就梦想，拼搏铸就辉煌：记奥运旗手王立彬。

(二)素材内容简介

1984年7月，在美国洛杉矶第二十三届奥运会上，在距中国首次参加第十届奥运会52年之后，中国派出强大阵容参加重返奥运赛场的中国体育健儿，在洛杉矶奥运会开幕后的第一天，便展现出新兴世界体育大国的风采。

奥运会旗手是奥运会开幕式上的一大亮点，而中国的奥运旗手有着由男篮运动员担任的传统。这一传统，正是由王立彬教授开创的。奥运旗手延续的不光是高大身材和俊朗形象，还有对荣誉的渴望和珍惜。

王立彬，陕西西安市人，1977年选入陕西青年队，1981年选入国家男篮。他曾多次代表国家参加亚青赛、亚锦赛和世锦赛，并被评为亚洲篮球明星，也曾获评"亚洲最佳中锋"殊荣。1980年和1982年代表国家青年队获亚洲青年锦标赛冠军和亚军。1983年获第12届亚洲男篮锦标赛冠军，1984年获洛杉矶第23届奥运会男篮比赛第10名。

王立彬教授曾任中国篮球协会副主席、西北工业大学男篮主教练(一级联赛)，现任陕西省篮球协会主席。他曾率领西北工业大学男篮获得CUBAL全国季军，常年致力于推动陕西篮球及校园篮球运动的普及与发展。

二、思政育人

(一)思政育人主题

只有坚持才会有收获，只有拼搏才能成功。激发大学生追求梦想的勇

气和决心,加强大学生"坚持与拼搏"的奥运精神教育。

(二)思政主题释义

在追求梦想的征途中,毅力拼搏是那把永不熄灭的火焰,它照亮了前行的道路,使人在面对困难和挑战时依然能够坚持不懈。而奥运精神,则是这股力量的源泉和象征,它教会大学生勇于挑战自我、超越极限,用汗水和努力书写属于自己的辉煌篇章。无论是在赛场上还是生活中,只要怀揣着这份毅力和拼搏精神,就没有什么是不可能的!对王立彬教授篮球生涯和奥运经历的讲述,可以传播奥运健儿的强大正能量,激励学生坚定信心、志存高远、不断拼搏。

三、素材应用

(一)素材媒体形式

本案例通过网络视频、网络文章展现。

(二)素材应用建议

本素材可以应用于面向学生开设的篮球专项课程的教学过程,可在专项课程中的理论课、观摩课等教学单元中穿插应用。

(三)引用及版权说明

案例所选用素材的引用出处:网络;无知识产权异议和纠纷。对案例的教学或其他使用、引用等方式约定:教师教学过程可直接使用,其他使用、引用请注明西北工业大学课程思政教学素材案例。

(四)素材应用示例

1.案例可应用于大学体育与健康类篮球专项课程学习

教学内容:篮球专项课中"简介篮球运动"教学单元、室内理论课和比赛观摩课教学单元。

2.教学设计

(1)教学目标:了解中国篮球运动发展史的关键节点(如1984年洛杉

矶奥运会中国代表团亮相);掌握体育精神的核心内涵及其社会价值。能够通过历史案例分析体育精神对个人与国家的意义;提升团队协作与观点表达的能力。通过王立彬案例,理解"毅力"与"拼搏"对实现人生价值的作用;激发学生将个人理想融入国家发展,践行"奋斗者正青春"的时代使命。

(2)课程思政融入方法:

历史切片还原法:梳理王立彬从运动员到旗手的成长轨迹,映射改革开放初期中国体育的崛起历程。

价值符号转化法:将"奥运旗手"符号解构为"国家荣誉""责任担当""文化自信"三重精神象征。

(3)课程思政教学实施过程:情境导入环节:播放1984年洛杉矶奥运会中国代表团入场视频(王立彬执旗画面),提问:"为什么选择篮球运动员担任旗手?"引出主题:"旗帜不仅是布料,更是国家精神与青年担当的像征"。展示王立彬训练日记节选(如每日500次投篮加练),讨论重复训练与伟大成就的关系;展示王立彬退役后从事篮球推广及篮协任职的多元身份,与学生探讨拼搏精神在不同人生阶段如何延续?

3.教学效果

在大学生对篮球运动有初步认识的前提下,通过王立彬教授的奥运经历讲述,以"奥运旗手"为精神图腾,将篮球运动史转化为青年奋斗启示录。在知识、思想认识上进一步提高,激发大学生的民族自尊心和自豪感,迸发出强烈的爱国热情与家国情怀,理解通过不懈的努力,认真做好身边的每一件事,实现大学生"坚持与拼搏"的奥运精神教育。

4.教学反思

仅仅在课堂上讲此案例效果效果不是特别显著,可以让大学生多观摩校男篮训练或CUBAL现场比赛,以及王立彬教授的纪录片录像,有效提高课程思政教学效果。真正实现"以体育人,以史铸魂"的教学目标。

(作者:赵琳)

案例 5　一路向征程，永远肩并肩："无畏金兰"的中国女篮精神

一、素材介绍

(一)案例素材名称

一路向征程，永远肩并肩，"无畏金兰"的中国女篮精神。

(二)素材内容简介

2022年女篮世界杯，在中国队与美国队争夺本届女篮世界杯冠军比赛中，在缺少进攻核心李梦的情况下，中国女篮与卫冕冠军美国队战斗至最后时刻。年轻的女篮姑娘们用"一分一分地咬""一分一分地拼"的韧劲，追平历史最佳战绩，写下了新的传奇。

对于中国女篮，这是一场跨越世纪的接力与蛰伏，是历经多届大赛和奥运周期的沉淀与突破，是整整28年，数代女篮人的渴望与等待。

这一刻，无数人在屏幕前热泪盈眶。

赛前，中国女篮主教练郑薇说："美国队很强，我们会全力去拼"，"我们全队都非常希望用最好的精神面貌和球场上最好的表现为祖国争光"。用最好的精神面貌全力去拼，既是与强大的对手抗争，也是与自己的比赛。有志气、有锐气的中国女篮，让人激情澎湃、热血沸腾。

这场女篮世界杯决赛，姑娘们再一次诠释了什么叫做"不抛弃，不放弃"。面对状态火热的美国女篮，中国姑娘们毫无畏惧。"无畏金兰"，是中国女篮在本届赛事开赛以来一直强调的女篮精神。与女排的"女排精神"、女足的"铿锵玫瑰"相似，女篮的"无畏金兰"时刻提醒着我们。女篮姑娘们拥有的勇气和团结值得我们铭记。

二、思政育人

(一)思政育人主题

爱国主义精神、拼搏进取精神、团结合作。

（二）思政主题释义

爱国主义精神："无畏金兰"的中国女篮精神会跨越体育、跨越时代，如同不灭的火种，激励一代又一代的中国人。

拼搏进取精神：女篮姑娘的可贵在于：哪怕形势再险峻，也始终保持昂扬士气；哪怕对手再强，也咬紧牙关拼到最后一刻，始终葆有那么一股拼劲韧劲。中国女篮表现出来的精神，也代表着我们时代的精神。

团结合作：团结合作也是中国女篮给人留下的深刻印象。在决赛中，队员彼此信任，在防守中相互呼应、补位。进攻中，队员积极执行战术，哪怕是个人能力突出的队员，也会在整体战术中去发挥个人的技术特点。可以说，团队的力量，让大家拧成一股绳，这正是女篮的底气。

三、素材应用

（一）素材媒体形式

PPT 媒体形式授课、网络视频、网络文章等。

（二）素材应用建议

本素材可应用于体育课的篮球课程中，可在传接球技术、传切配合、防守协防补位、教学比赛等具体教学内容中穿插应用，通过引入案例帮助大学生更好地感悟祖国至上的爱国精神。

（三）引用及版权说明

案例所选用素材来源于网络，无知识产权异议和纠纷。对案例的教学或其他使用、引用等方式约定：西北工业大学教师教学过程可直接使用，其他使用、引用请注明西北工业大学课程思政教学素材案例。

（四）素材应用示例

1. 案例可应用于大学体育与健康类篮球专项课程学习

教学内容：篮球课程的"传接球技术"一课。

2. 教学设计

（1）教学目标：传接球技术属于进攻过程中的技术手段，为快速形成局部强侧优势占据得分主动，教学中充分发挥大学生的主体作用，注重培养大学生的创新意识；通过探究性学习和合作学习，促进大学生体能素质，运动技能的提高；结合案例培养当代大学生团结合作，与同伴之间彼此信任，为集体利益敢于牺牲个人利益的精神。

（2）课程思政融入方法：采用契合式、植入式、点睛式、案例式等不同的融合教学方式，将思政元素融入到篮球课堂教学中。聚焦以体育德，挖掘德育素材，通过故事讲道理，通过道理讲价值，通过价值讲认同，通过认同讲践行，实现价值引领与知识传授、能力培养相融合。

（3）课程思政教学实施过程：传授知识方面：发挥理工学生为主的特点，对传接球中的动力分析，引用流体力学的伯努利定律进行解读，从物理学角度解读学习内容，激发学习兴趣，激发其科学探索精神，实现知识迁移的学以致用。

教学方面：运用小组合作学习，培养学生的合作意识，提高合作能力，适应社会发展的需要；引导学生观察对比学习，为学生营造一个宽松和谐、愉快思考、尝试体验的空间，激发大学生的运动兴趣。在讲解传接球技术时，引入"无畏金兰"的中国女篮精神经典案例，同时提出传接球技术属于团队配合，培养大学生团结协作，懂得分享球权，为集体利益敢于牺牲个人利益的精神。在技术教学的同时，让大学生接受思想政治教育，促进知识传授与价值引领相得益彰。

3.教学效果

在大学生对技术动作形成初步认识，初步掌握传接球技能，完成教学目标的同时，在技术能力、思想认识上有了提高，激发大学生的民族自尊心和自豪感，迸发出强烈的爱国热情与家国情怀。从融入课程思政理念分析，可以发现，科学地设计教学内容，可以使思政育人理念贯穿教学始终。结合本课的教学内容，在课的准备部分、基本部分、结束部分，可采用多种形式教学，通过骨干带头、教师引导、团队配合、党员模范、案例讲解等教学形式来激发大学生对学习篮球技能的积极性。

4.教学反思

（1）在课上讲述案例的同时，可以在课前将相关视频文件资料发至班级群内，让大学生先自行了解案例，先形成自己的理解与认识，教师课堂上再进行讲解讨论,可有效提高课程思政教学效果。

(2)完善教案的课程思政元素融入,加强教师间的经验交流,加大教师进行思政化教案建设的执行力。

(3)对大学生的思想品德素质考核模块比例较小,篮球课教学考核评定模式单一,主要以教师评价为主体,因构建思政化的考核与评定体系,解决重技轻德的现象。

（作者:郝伟）

第二章　排球课程思政案例

案例 1　团队协作，造就女排精神

一、素材介绍

(一)案例素材名称

团队协作，造就女排精神

(二)素材内容简介

首先通过向大学生介绍排球运动起源、技术演变及未来发展趋势，帮助大学生理解排球作为团体项目，最重要的部分就是团队的协作能力。随后向大学生介绍女排的团队精神，简单来说就是大局意识、协作精神和服务精神的集中体现。团队精神核心是协同合作，其最高境界是全体成员的向心力、凝聚力，内涵反映的是个体利益和整体利益的统一，并进而保证团队的高效率运转。

电影《夺冠》中，郎平曾在出发去奥运会前对当时的陪打教练陈忠和说过一句话："中国女排，没有你，没有我，只有我们。"这句话能够深刻地反映出集体意识在排球项目中的重要性。排球并不像乒乓球、羽毛球这类小球项目，可以凭借个人突出的能力获得胜利，而是需要团队中每一个人协作，长久磨合，才能取得最终胜利。

以团队意识为基础，向大学生介绍排球技战术。排球战术教学中注重培养大学生大局意识，团队意识及担当意识。排球战术是指队员在比赛中，根据排球规则要求，排球运动规律和比赛双方情况，合理运用技术所采用的有意识、有目的、有组织的个人和集体配合行动。排球战术中尤其是集体战术训练，需要全体队员的集体配合，若只有一位球星或一名主力队员的单打独斗是无法取得比赛的最终胜利的。

以小组练习传垫球为例，小组成员围绕成圆，挑选一名技术稳定的同学站在圆心点，每位学生将球传垫给中间的同学，由中间的同学依次再传垫给下一位同学，在规定时间内统计该组的击球总次数。这项技术练习，可以促进学生之间合作学习能力的提升。

再以五人接发球为例，这是一种除二传队员外，其余 5 名队员都担负一传任务的接发球站位阵形。其优点是队员均衡分布，但存在一个缺点是队员之间衔接点较多，配合不默契时容易互相干扰。进行这种教学时需要提示队员之间加强配合，接球前通过呼喊等方式与相邻队员沟通，避免让球、争球现象的出现而导致直接失分，同时其他队员要调整身体朝向，加强预判，随时保护同伴的不到位接球，而且在同伴垫球失误时，不能埋怨，不能推卸责任，要互相鼓励，主动反思，通过该项教学重点培养学生大局意识、团队意识、协作能力及担当意识，不能怕失误而躲球，尤其是多人相邻处的球要主动承担。

在教学过程中，将大学生分成几个小组，以小组的形式进行学习，以小组长代替球队的队长，引导组员共同学习排球技术，以此促进小组成员共同进步。

通过解读"女排精神"引出的团队意识在很大程度上能够促进大学生互相之间的沟通与交流，重视团队的协作，在大学生拥有自我意识的同时促进大学生团队意识的发展。女排比赛中队员团结协作造就女排精神如图 2 - 1 所示。

图 2-1　女排比赛中队员团结协作造就女排精神

二、思政育人

(一)思政育人主题

团队意识,担当意识。

(二)思政主题释义

团队意识:在比赛过程中,各个位置的队员合理分工,配合默契,形成你中有我、我中有你的整体协同意识。

担当意识:在比赛过程中,队伍出现失分时,队员承担失误责任主动喊:我的、我的、……减轻队友压力;队伍出现困难时,勇于承担关键球。

三、素材应用

(一)素材媒体形式

本案例以文档和图片的形式展现。

(二)素材应用建议

在体育课排球等这一类团体项目课程中引入案例,让大学生在课程中学会协作以及主动担当,从而促进团队意识的形成。

(三)引用及版权说明

图片选自网络资源,无知识产权异议和纠纷。

(四)素材应用示例

1.案例可应用于大学体育与健康类排球专项课程学习

教学内容主要包括对学生的基本技术教学以及通过分组学习的形式进行教学,同时深入挖掘以女排精神为代表的优秀体育资源融入课程内容,拓宽大学生知识视野,提高大学生学习兴趣和教学效果,注重排球初级课程思想政治教育的时代性和时效性。

2.教学设计

(1)教学目标。

认知目标:学生充分了解排球运动中的团队意识,充分发挥集体力量;强调教学常规要求。

技能目标:通过学、练、赛,90%的学生基本掌握排球基础技术,10%的学生初步掌握排球基础技术。

身体目标:通过身体素质和动作技术的练习,锻炼学生心肺功能、反应速度、爆发力、弹跳力等身体素质。

(2)课程思政融入方法:课程在教学过程中采用分组学习的方法,形成"以优带弱"的学习模式,促进大学生团结协作意识的发展。

(3)课程思政教学实施过程:在技术教学过程中融入思政,以五人接发球为例,在配合不默契时,提示大学生之间加强配合,接球前通过呼喊等方式与相邻队员沟通,避免让球、争球现象的出现而导致直接失分。同时,在同伴出现失误时,不能埋怨,不能推卸责任,要互相鼓励,主动反思,通过该项教学重点培养大学生大局意识、团队意识、协作能力及担当意识,不能怕失误而躲球。

3.教学效果

通过排球初级课程的教学,在很大程度上促进大学生之间的沟通与交流,重视团队的协作,在大学生拥有自我意识的同时促进其团队意识的发展。

4.教学反思

对于小组分组学习时,能否完全根据学生特点进行合理的分组,以达到各组水平相对均衡,从而形成激烈对抗?这一方面还存在哪些问题?如果会出现某一组内没有水平高的学生的情况,日后将通过多元评价指标(包括对水平、日常表现等方面的评价)对大学生进行分析,最终形成合理的学习小组。

(作者:王成)

案例 2　不忘初心，砥砺前行

一、素材介绍

(一)案例素材名称

不忘初心、砥砺前行。

(二)素材内容简介

在课程中介绍排球运动的起源发展及提出学习中国女排精神,以激发大学生的家国情怀,培养大学生的民族自豪感。学习中国女排精神的内涵——祖国至上,团结协作,顽强拼搏,永不言败,即使没有必胜的把握,也要放手一搏。带领大学生感受中国女排风风雨雨 50 多年的历程,这过程中有心酸、有蛰伏、有遗憾,也有精彩。但无论顺境还是逆境,始终有一种精神鼓舞着一批批运动员在赛场上拼搏,用自己的行动诠释着女排精神,这也是我们民族精神的真实写照。

以"顽强拼搏、自强不息"为代表的女排精神一直鼓舞着人们。中国女排在蛰伏多年后,2015 年重回世界巅峰,勇夺世界杯冠军,2019 年又以未失一局的傲气再夺世界杯冠军,成为国庆大典上一道亮丽的风景线,中国女排的"振奋民族精神"已经成为了中华民族精神的一种象征,激励和吸引了一大批青少年走向排球场。

　　学习女排精神,引导大学生以中国女排为榜样,激发学生的家国情怀,养成祖国至上的意识,鼓励大学生刻苦学习专业知识,不畏惧困难,积极锻炼身体,增强其为祖国奋斗的使命感和责任感。

　　在排球初级课程基本技术教学方面,以精益求精的治学态度,磨练大学生永不放弃的意志品质。如排球初级课程基本技术包括准备姿势、传球、垫球、发球和扣球等,正所谓"不积跬步,无以至千里;不积小流,无以成江海"。只有夯实基础,才能提升技术水平,才能使大学生在排球课程学习中体会排球运动所带来的乐趣。

　　以垫球教学为例,在教学时需要大学生明确学习该项技术的目的以及技术要求,循序渐进地安排练习。比如练习向三号位垫球,需要不断提高垫球落点的精准度,提示大学生及时调整身体姿态,脚步移动,手臂动作以及重心的调整,在不断提高球到位率的过程中,促使大学生养成求实的学习态度以及坚韧不拔的意志品质。

　　大学生通过对排球基本技术的学习,也可锻炼其自身的意志品质。例如通过分组对抗,体验比赛带来的胜负感受:胜利后认识到不断的付出始终会有回报;失败后认识通过挫败感去磨练自己,砥砺前行,挑战自我,获得最终的成长。中国女排队员在比赛中顽强拼搏永不言弃精神如图2-2所示。

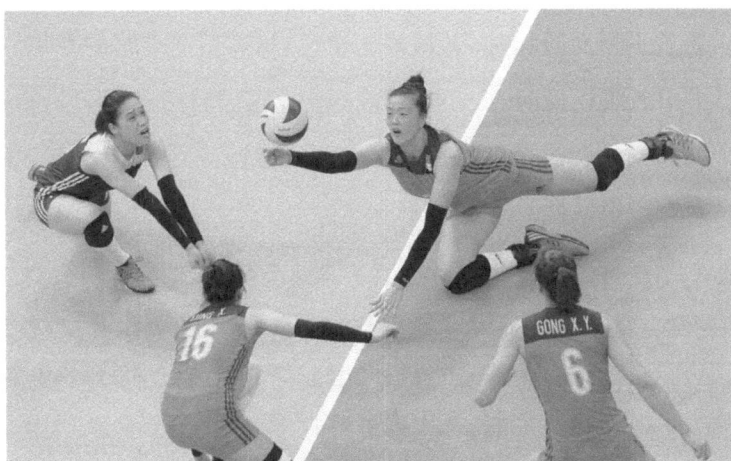

图2-2　中国女排队员在比赛中顽强拼搏永不言弃

二、思政育人

(一)思政育人主题

顽强拼搏,家国情怀,精益求精。

(二)思政主题释义

顽强拼搏:中国女排在蛰伏多年后,勇夺世界杯冠军,最后获得里约奥运会冠军。

家国情怀:以女排精神为引导,增加大学生为祖国奋斗的使命感。

精益求精:在垫球等基本技术教学时,要求大学生不断提高接球的到位率,同时提醒学生注意身体各部位的协调。

三、素材应用

(一)素材媒体形式

本案例以文档和图片的形式展现。

(二)素材应用建议

在三航类别的学科专业中:要求学生拥有精益求精意识,对数据以及实验不断反复琢磨,达成最好的学习研究效果。

可以通过引用女排精神,弘扬家国情怀,培养精益求精的意识。

(三)引用及版权说明

图片选自网络资源,无知识产权异议和纠纷。

(四)素材应用示例

1.案例可应用于大学体育与健康类排球专项课程学习。

教学内容:通过排球初级课程培育大学生的世界观和人生观,树立理想信念、提升品德修养、涵养奋斗精神,增强综合素质,助推大学生对爱国、上进、责任、果敢、担当、乐观、合作等价值观形成深入、稳定、持久的深刻理解和高度认同。

2.教学设计

(1)教学目标。

认知目标:使学生通过排球运动发挥家国情怀,在家国情怀下不断艰苦奋斗;强调教学常规要求。

技能目标:通过学、练、赛,90％的学生基本掌握排球基础技术,10％的学生初步掌握排球基础技术。

身体目标:通过身体素质和动作技术练习,锻炼学生心肺功能、反应速度、爆发力、弹跳力等身体素质。

(2)课程思政融入方法:本课程通过学习女排精神,引导大学生以中国女排为榜样,激发学生的家国情怀,养成祖国至上的意识,鼓励学生刻苦学习专业知识,不畏惧困难,增加为祖国奋斗的使命感和责任感。

(3)课程思政教学实施过程:本课程在基本技术教学过程中融入思政,以垫球教学为例,在教学时需要学生明确学习该项技术的目的及技术要求,循序渐进地安排练习。比如练习向三号位垫球,需要不断提高垫球落点的精准度,提示大学生及时调整身体姿态,脚步移动,手臂动作以及重心的调整,在不断提高接球到位率的过程中,及时向大学生传递精益求精的学习态度,磨炼永不放弃的意志品质。

3.教学效果

大学生通过对排球基本技术的学习,可以锻炼自身的意志品质,通过分组对抗,体验比赛带来的胜负感受:胜利后认识到不断的付出始终会有回报;失败之后的挫折教育,使学生不断通过挫败感磨砺自己,砥砺前行,挑战自我,获得最终的成长。

4.教学反思

本课程通过常赛的形式来提升大学生永不言败的品质。但很多时候大学生在输掉比赛后容易陷入自我否定,导致教师无法及时获取学生心理状况,后续将多增加教师与学生的沟通来改善这一问题。

(作者:王成)

案例 3　先抑后扬,逆势而上,永不言败,重返巅峰

一、素材介绍

(一)案例素材名称

先抑后扬,逆势而上,永不言败,重返巅峰。

(二)素材内容简介

体育教学是素质教育中一个重要的组成部分,在排球初级课程教学中,应始终坚持"育人成才"的目标导向,为了培养大学生成为未来优秀的人才而进行探索,做好对大学生的思想政治教育。当今时代的大学生在成长的道路上,受到了家长的呵护,也得到了教师的帮助,他们并没有真正经历风雨,因此要在排球初级课程中对其进行引导,促使其朝着"育人成才"的目标稳固前行。

在排球课程教学中,为了促进大学生的成长成才,通过引入女排精神这个重要教学资源,使大学生认识到自己是未来社会的建设者,让他们像中国女排姑娘那样,具备敢于挑战的意志,在人生道路上稳步前进。

要使大学生成为学习的主人,不能只依靠教师进行学习,要自主的进行排球技术练习,在敢于挑战的精神的支持下,不断取得更多的进步。在排球教学过程中,可以给大学生提出一定的学习目标要求,让大学生进行自我练习,当大学生在排球练习中遇到困难时,比如对某项技术无法把握时,不会立刻寻求教师或者他人的帮助,而应该挑战这个困难,想办法自我克服。

在 2016 年里约奥运会中,中国女排的夺冠,使女排精神得到了充分的展现。中国女排就是依靠坚韧不拔的毅力,绝地反击,团结拼搏,战胜了多个强敌,最终才迎来高光时刻。对于当今的大学生来说,他们在现实生活中会遇到很多挑战,在排球课的学习过程中也会遇到各种困难,他们可能会因此感到失落和挫败,因此应该借助女排精神对他们进行激励,引导他

们拿出拼劲和闯劲,培养促使其具备坚韧不拔的毅力,有了这样的思想引导,他们在排球学习中也会更加努力,不怕伤痛和流泪,不断磨练提升自身的排球技术,不断努力。

在教学生基础技术的同时,教师可以通过紧张激烈的竞技比赛过程,提升大学生的竞争意识,从而培养其敢于挑战的意志精神。这不仅对于排球技术的学习十分重要,还会促使他们在以后的学习、工作和生活中面对一个又一个的实际问题时,沉着冷静地解决问题。中国女排在里约奥运会勇夺金牌的场面如图 2-3 所示。

图 2-3　中国女排在里约奥运会勇夺金牌

二、思政育人

(一)思政育人主题

敢于挑战,坚韧不拔。

(二)思政主题释义

敢于挑战:通过分组比赛,培养大学生的竞争意识,勇于面对困难和挑战的精神。

坚韧不拔:引导大学生在面对困难时,不是一遇困难就投降,而是要直面苦难,迎难而上,坚持不懈,超越自我。

三、素材应用

(一)素材媒体形式

本案例以文档和图片的形式展现。

(二)素材应用建议

在排球课程等集体项目中,引导大学生敢于同对手进行肢体接触,抢断对手的球,发扬敢于挑战精神。

(三)引用及版权说明

图片选自网络资源,无知识产权异议和纠纷。

(四)素材应用示例

1.案例可应用于大学体育与健康类排球专项课程学习

教学内容:结合排球课程学习的特点,通过排球课程"赛练结合"教学模式的探索,使大学生掌握排球基本技能的同时,培养大学生坚毅的品格,通过比赛促进大学生敢于挑战意识的形成,促进理论与实践相结合,充分发挥排球课程学习思政教育的作用,使排球课程成为思想政治教育的重要载体。

2.教学设计

(1)教学目标。

认知目标:学生通过排球运动发挥敢于挑战精神;强调教学常规要求。

技能目标:通过学、练、赛,90%的大学生基本掌握排球基础技术,10%的学生初步掌握排球基础技术。

身体目标:通过身体素质和动作技术练习,锻炼大学生心肺功能、反应速度、爆发力、弹跳力等身体素质。

(2)课程思政融入方法:在排球课程教学中,为了促进大学生的成长成才,通过引入女排精神这个重要教学资源,促使大学生认识到自己要成为未来社会的建设者,引导他们向中国女排学习,发扬敢于挑战的精神,促使他们在未来的人生道路上稳步前行。

（3）课程思政教学实施过程：在对学生进行教学时，引导其自主的进行排球基本技术练习，在敢于挑战的精神的支持下，不断取得更大的进步。在排球教学过程中，给大学生提出一定的学习目标要求，让其进行自我练习，当学生在排球练习中遇到困难的时候，比如对某项技术无法把握时，不应该立刻寻求教师或者他人的帮助，而应该挑战这个困难，想办法自我克服。

3. 教学效果

在教学生基础技术的同时，通过紧张激烈的竞技比赛过程，提升大学生的竞技意识，从而培养其敢于挑战的意志精神。这不仅对于排球技术的学习十分重要，也会促使他们在以后的学习、工作和生活中面对一个又一个的实际问题时，更积极地解决问题。

4. 教学反思

在课堂教学中，许多大学生面对比赛时，会出现退缩和不敢应战的畏缩心态，对这些学生敢于挑战意识的培养仍需进一步加强。

（作者：王成）

案例 4 思想上信赖核心，行动上顾全大局

一、素材介绍

(一)案例素材名称

思想上信赖核心，行动上顾全大局。

(二)素材内容简介

"四个意识"中的核心意识是中国共产党在实践中，特别是在破解发展时代课题的过程中形成的，是为了让大学生形成正确的价值观，学会从大

局考虑事物，即"谁说得对，谁说得全"之后的"听谁说，按谁做"的内化过程。排球是一项精细运动，在比赛过程中需要利用多项数据统计来进行队员和战术调整，而在调整的过程中队员执行能力的表现是十分重要的。排球运动员必须具备强烈的"核心意识"，由教练员集中指导，运动员敏捷执行，二者合作，最终解决场上问题。

这个时代的大学生因为各种原因，产生了一种强烈的以自我为核心的思想，在缺乏社会活动和交流的过程中，沉溺于网络世界或者虚拟世界。排球课程教学比赛，能让大学生学会与人交流，共同完成排球比赛。排球比赛时让大学生体验各个排球角色，促进他们进行换位思考和自我反思，以此培养"核心意识"，不仅让大学生学会尊重他人意见，还要培养其用创新思维去建立"核心意识"，通过排球运动感受核心指导的重要性。

排球技战术的训练都是为了排球比赛，课堂教学过程中教师运用模拟比赛来考验学生的服从意识和战斗能力，从而形成大学生的"核心意识"显性表现。比赛时，教师将大学生分成赛场上的每个角色，让其体会作为核心下达要求的任务使命感和作为配合核心发挥自身作用的责任感，并在教学比赛之后组织大学生进行赛后感言，相互交流，从而提升其"学会做领导"和"学会被领导"的素养，帮助他们在未来的职业生涯中更好、更快地适应工作岗位。

排球教学是以增强体质、锻炼意志为目的的课程。排球课程思政教育需要体、技、战、心、知与思政内容科学契合，让大学生知道为什么学思政，思政怎么用。思政教育与排球教学融合的深度决定着相关理论研究的高度和思政育人的温度。体育课程思政的教学方法手段、教学呈现途径和教学文化氛围都必须精心设计，更要注意课程思政内容的契合点和评价点。排球课程思政从教学环节去检验学生学习思想政治理论的价值和成效，也能从排球训练实践运动中去内化思政理论的文化内涵。中国女排教练员郎平在比赛期间的暂停时指导运动员如图2-4所示。

图 2-4　中国女排教练员郎平在比赛期间的暂停时指导运动员

二、思政育人

(一)思政育人主题

核心意识,全局意识。

(二)思政主题释义

核心意识:在团队比赛中,要注重以教练为核心,由教练员集中指导,运动员敏捷执行,最终解决场上问题。

全局意识:每个学生都要站在整个队伍的角度看问题、想办法、做决策。

三、素材应用

(一)素材媒体形式

本案例以文档和图片的形式展现。

(二)素材应用建议

在所有体育课程中,提示大学生要明确以教师为核心,执行教师的指令,解决场上出现的各种突发问题。

(三)引用及版权说明

图片选自网络资源,无知识产权异议和纠纷。

(四)素材应用示例

1.案例可应用于大学体育与健康类排球专项课程学习

教学内容:"核心意识"培养学生学会尊重他人意见,在学生担当小组长时,也培养学生学会成为核心,能做到用创新思维去建立"核心意识",通过排球课程学习感受核心指导的重要性。

2.教学设计

(1)教学目标。

认知目标:使学生通过排球运动培养核心意识;强调教学常规要求。

技能目标:通过学、练、赛,90%的学生基本掌握排球基础技术,10%的学生初步掌握排球基础技术。

身体目标:通过身体素质和动作技术练习,锻炼大学生心肺功能、反应速度、爆发力、弹跳力等身体素质。

(2)课程思政融入方法:通过小组学习的形式,让部分学生担任组长,以组长为核心,起带头作用,在日常教学活动中组织队友进行学习,以此促进学生核心意识的提升。

(3)课程思政教学实施过程:教学比赛阶段,我们将大学生分成赛场上的每个角色,让其体会作为核心下达要求的任务使命感和作为配合核心发挥自身作用的责任感,并在教学比赛之后组织学生进行赛后感言,相互交流,从而得出大学生"学会做领导"和"学会被领导"的职业素养,帮助他们在今后的职业生涯中更好更快地适应工作岗位。

3.教学效果

通过排球课程学习有利于促进大学生的核心意识,形成"学会做领导"和"学会被领导"的职业素养,通过核心意识,使大学生在团队活动中能够很好的扮演带头角色或者被带领的角色,促进其各方面能力的发展。

4.教学反思

目前在教学过程中,只做到了让部分大学生担任核心,而无法使每个学生都体验这个角色,因此需要进一步完善教学设计与组织。

(作者:王成)

案例 5 没有规则,不成方圆

一、素材介绍

(一)案例素材名称

没有规则,不成方圆。

(二)素材内容简介

排球运动对于体能、基本技术、战术理解、实战心理的要求都是极高的。其中,基本技术中的发、传、垫、扣、拦也是相互联系、逐层递进的关系,防守进攻环节也是相互影响的。排球训练的规律是:初期体能、技能是枯燥的,中期要提升实战战术、心理,后期对排球运动全面知识进行理解和创新。这是一种训练周期长、重复率高、要求严、领悟性强的竞技运动,需要参与者有勤奋刻苦、团结协作、无私奉献的思想信念指导其完成该项运动的学习和训练。

在新的历史条件下,增强政治意识、大局意识、核心意识、看齐意识,是加强党的建设、坚持党中央集中统一领导、增强党的团结统一、形成全党的向心力、凝聚力和战斗力的重大举措,具有丰富的思想内涵。而在排球课程上教育学生学习看齐意识,是要求大学生在规则制度下进行活动。看齐的关键是要落实在行动上,具体表面为大学生必须要敢于担当,勇于负责,真抓实干,开拓创新。看齐还要敢于和善于同各种错误思想和行为进行坚决的斗争。

排球运动的规则也是随着运动的发展在不断总结和变更。大学生在排球课程中学到的不仅是打排球,还应学会了解排球知识,在规则中发挥自己的能力。在大学生的日常学习和工作中,有很多规则和束缚去约束他们的行为,要让学生正确认识这些规则,学会规则后面的意图,并且执行规则。在规则的约束下才能有真正的竞赛精神,符合规则的竞赛行为,才是被认可的真正胜利者。学习排球规则,也可以让大学生拓宽排球纵向横向的参与度,如:充分利用不同等级排球赛事,动员大学生积极参与,使其在服务社会的同时,近距离感受,观摩裁判的基本规则,第十四届全国运动会女排决赛赛场如图2-5所示。

组织大学生进行排球规则学习,有利于大学生理解每条规则的逻辑关系,排球运动的逻辑关系,让大学生在排球裁判学习时学会看齐标杆,让优秀的大学生进行裁判法定手势示范,形成其他学生学习优秀学生的技战术和意志品质来发扬运动精神。在课堂上给大学生树立看齐意识后,可以给予学生在校内排球赛事作为裁判工作者进行实践的机会,例如,学校相关排球比赛的辅助裁判工作,从而考验其对规则的掌握能力和看齐行动。

图2-5 第十四届全国运动会女排决赛赛场

二、思政育人

(一)思政育人主题

看齐意识,规则意识。

(二)思政主题释义

看齐意识:让大学生在排球裁判学习时学会看齐标杆,让优秀学生进行裁判法定手势示范,其他学生通过学习优秀学生的技战术和意志品质将运动精神迅速发扬。

规则意识:大学生在排球课程学习中学到的不仅是打排球,还应学会了解排球知识,在规则中发挥自己的行动。

三、素材应用

(一)素材媒体形式

本案例以文档和图片的形式展现。

(二)素材应用建议

在所有体育项目课程中,培养大学生看齐意识以及规则意识,引导大学生遵守体育项目的规则和在日常生活中遵守学校的制度。

(三)引用及版权说明

图片选自网络资源,无知识产权异议和纠纷。

(四)素材应用示例

1.案例可应用于大学体育与健康类排球专项课程学习

教学内容:在课程学习中,给大学生讲授排球运动的各项规则,说明规则在比赛中的重要性,帮助大学生树立规则意识。

2.教学设计

(1)教学目标。

认知目标:通过排球运动培养大学生的看齐意识,树立规则意识;强调教学常规要求。

技能目标:通过学、练、赛,90%的学生基本掌握排球基础技术,10%的学生初步掌握排球基础技术。

身体目标:通过身体素质和动作技术练习,锻炼大学生心肺功能、反应速度、爆发力、弹跳力等身体素质。

(2)课程思政融入方法:在课程教育过程中,让大学生学习排球的规则。大学生在排球课程中学到的不仅是打排球,还应学会了解排球知识,在规则中发挥自己的能力。在学生的日常学习和工作中,有很多规则和束缚去约束他们的行为,要让大学生正确认识这些规则,看清规则后面的意图,并且执行规则,这是体育运动能给大学生建立起来的行为感受。

(3)课程思政教学实施过程:组织大学生进行排球规则学习,有利于大学生学会每条规则的逻辑关系、排球运动的逻辑关系,让大学生在排球裁判学习时学会看齐标杆;让优秀学生进行裁判法定手势示范,其他学生通过学习优秀学生的技战术和意志品质将运动精神迅速发扬。

3.教学效果

通过学习看齐意识以及规则意识,促进大学生日常生活中学会学习他人的优秀品质,并重视规则,例如校规对其的约束等,以此促进大学生的个人发展,使其在规则下不断成长。

4.教学反思

本课程通过校级比赛等多种排球赛事形式使大学生积极参与裁判工作,实现理论与实践相结合,但目前真正参与到裁判工作中的大学生数量明显不足,因此需要进一步完善。

(作者:王成)

第三章　足球课程思政案例

案例 1　超级大逆转，铿锵玫瑰再登亚洲之巅

一、素材介绍

(一)案例素材名称

超级大逆转，铿锵玫瑰再登亚洲之巅。

(二)素材内容简介

2022年女足亚洲杯决赛中国队一路晋级，从1/4决赛逆转越南女足，到半决赛淘汰卫冕冠军日本，再到决赛在2球落后的情况下以3：2战胜韩国队，第九次问鼎亚洲杯。她们在赛场上所展现的吃苦耐劳、顽强拼搏、团结协作、永不言弃、爱国奉献的品质，充分展现了优秀的中华体育精神和积极向上的精神面貌。中国女足2022年亚洲杯夺冠瞬间如图3-1所示。

中国女足参加东京奥运会之路，可谓漫长又艰辛。2020年突如其来的疫情，使原本主场作战的女足姑娘们，被迫前往澳大利亚参赛。回忆澳大利亚的37天，中国女足国脚马君用了"刻骨铭心"四个字来形容："我觉得在澳大利亚这段时间算得上人生中挺刻骨铭心的时光"。全队被困在酒店的两个楼层，9天不能进行室外训练。尽管如此，女足姑娘并没有松懈，而是因地制宜，充分利用房间外的过道训练，发扬不怕苦、不怕累、吃苦耐劳的精神。

中国队距离上次夺得亚洲杯已过去16年，经历了低谷坎坷，曲折困

难。决赛中，中国队上半场 0∶2 落后韩国队。然而，在这种艰难情况下，中国女足姑娘们没有服输、没有气馁，仍是咬紧牙关拼搏到底，展现了不屈不挠、永不言败的精神。在第 67 分钟，韩国女足"送点"，由唐佳丽操刀命中，中国女足打破进球荒，将比分追成 1∶2。中国队士气大振，乘胜追击。仅仅过了 5 分钟，唐佳丽右路突破传中，刚刚替补登场的张琳艳包抄到位，头槌冲顶，扳平了比分。就在大家觉得要进入点球大战时，在第 93 分钟时，肖裕仪突然打进绝杀球，中国女足 3∶2 逆转取胜，时隔 16 年重夺亚洲杯冠军。尽管开场不利，但中国女足姑娘们互相鼓励，在面对困难她们紧密联结在一起，积极配合、各尽所长，每个人都在为集体拼搏，迎难而上，人心齐、泰山移，团队的力量不在于人多，而在于心齐。中国女足充分体现了团结协作的中国体育精神。

图 3-1 中国女足 2022 年亚洲杯夺冠瞬间

二、思政育人

（一）思政育人主题

永不放弃，吃苦耐劳。

(二)思政主题释义

永不放弃:决赛中,中国队上半场 0:2 落后韩国队。然而,在此种艰难情况下,中国女足姑娘们没有服输,没有气馁,仍是咬紧牙关拼搏到底,展现了不屈不挠、永不言败的精神。

吃苦耐劳:女足队员全队被困在酒店的两个楼层,9 天不能进行室外训练。尽管如此,女足姑娘并没有松懈,而是因地制宜,充分利用房间外的过道训练。

三、素材应用

(一)素材媒体形式

素材呈现的媒体形式为文本与图片。

(二)素材应用建议

本素材可应用于大学体育与健康类足球专项课程学习。通过引入案例帮助大学生更好地感悟祖国至上的爱国精神。

(三)引用及版权说明

全部素材来自新华网,转载或者引用本文内容请注明来源。

(四)素材应用示例

1.本案例可应用于大学体育与健康类足球专项课程学习

教学内容:在足球专项课程中,以教学比赛的形式进行教学。将女足队员永不放弃、吃苦耐劳的精神融入课程教学内容,提高大学生学习足球的兴趣,增强大学生的民族自信心和民族自豪感。

2.教学设计

(1)教学目标:应用本案例的专业教学内容,培养大学生有责任、有担当的意志品质,提高足球技术,认识到团队配合的重要性,培养积极向上的生活态度和爱国主义精神,将总师文化中的家国情怀传输给大学生。

(2)课程思政融入方法:上至国家领导人,下至平民百姓,体育赛事是全民共同的"受众",如果思政教育者能够充分利用这一桥梁对大学生进行爱国主义教育,让爱国主义教育不再流于空洞的说教,也能促进体育成为凝聚党心、民心、民族自豪感的纽带。在举国关注的赛事进行时,体育产生的魅力已经远远超出了其本身,它的目的应是以身体活动为媒介,以谋求个体身心健康、全面发展为直接目的,并以培养完善的社会公民为终极目标的一种社会文化现象或教育过程。

根据体育教学工作的特点,体育教材的思想教育因素,针对学生参加活动的具体表现,把思想教育工作用生动、活泼的方式渗透到体育教学等各项工作的每一个环节中去。

(3)课程思政教学实施过程:在教学比赛的过程中,当一方大比分落后时,教师应暂停比赛指导学生,强调大学生团队内要加强配合,通过呼喊等方式与其他队员沟通,尽量减少配合失误。同时,在同伴出现失误时,不能埋怨,不能推卸责任,要互相鼓励,主动反思,通过该项教学重点培养大学生的大局意识、团队意识。

3.教学效果

结合这些相关材料和主题开展多种形式的主题教育和思政活动,做到生动、形象、寓教于乐,以达到事半功倍的效果。培养大学生在参与体育实践中养成良好的爱国主义意识和民族情感。培养有责任、有担当的意志品质,提高足球技术,认识到团队配合的重要性,养成其积极向上的生活态度。

4.教学反思

思政教育方法随着时代发展在不断更新转变,被大学生所接受的教育方式同样也在变化。这就要求教师不仅要低头干活,还要抬头看路,尤其是要把理论思想同实践相结合。既要传达教育的内涵、精神,又要让大学生切实深化理解,在不断实践的过程中逐渐摸索出合适的方法。

(作者:王小乐)

案例 2　Tiki-Taka 战术：足球团队合作的极致表达

一、素材介绍

(一)案例素材名称

Tiki-Taka 战术：足球团队合作的极致表达。

(二)素材内容简介

在世界足球历史上，巴塞罗那足球俱乐部因其独特的 Tiki-Taka 战术而闻名于世。这种战术不仅仅是一种比赛策略，更是团队合作和默契配合的极致表达。在思政教育中，Tiki-Taka 战术可以作为生动的素材，帮助学生深刻理解团队协作的重要性。Tiki-Taka 战术传球线路示意图如图 3-2 所示。

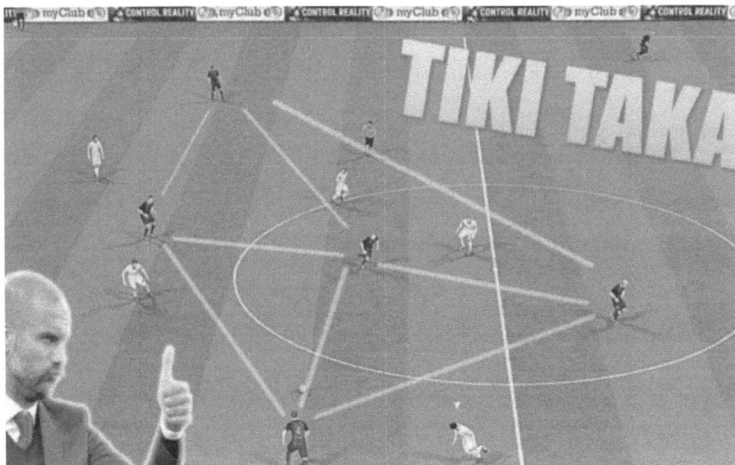

图 3-2　Tiki-Taka 战术传球线路示意图

Tiki-Taka 是由巴塞罗那俱乐部发展并发扬光大的传控战术，其核心理念是通过短传配合和球员的快速跑动来控制比赛节奏。这个战术要求场上所有球员时刻保持联系，每一次传球都不仅仅是简单的球权转移，而是全队配合的象征。在这种体系中，没有哪个球员可以单打独斗，每个人都必须相信队友、依赖队友。

例如，在 2011 年欧洲冠军联赛决赛中，巴塞罗那队对阵曼彻斯特联队的比赛中，巴塞罗那队用一次次流畅的传递和巧妙的配合牢牢掌控了比赛，最终以 3 比 1 获胜。这场比赛被认为是 Tiki - Taka 战术的经典之作，全队总共完成了超过 600 次传球，控球率高达 68％。梅西、哈维和伊涅斯塔等核心球员通过天衣无缝的配合和灵活的站位，不断压迫对手，让曼彻斯特联队几乎无力反击。

在思政教育中，可以通过这个战术案例引导大学生思考团队合作的价值。每一次传球都是信任的体现，每一次跑动都是责任的承担。大学生可以从中感受到个人的努力固然重要，但只有融入团队、相互协作，才能达到更高的目标。这也提醒大学生，在学习和生活中，要善于与他人沟通，理解分工的重要性，并且在合作中发挥自己的作用。

因此，Tiki - Taka 战术不仅是一种足球战术，还是一种合作精神的体现，是对团队协作、信任和默契的生动诠释。在课堂上，可以用这种战术案例来启发大学生，帮助他们认识到团队合作在任何领域都是成功的关键。

二、思政育人

（一）思政育人主题

团队合作，追求完美。

（二）思政主题释义

追求完美：在 2011 年欧洲冠军联赛决赛中，巴塞罗那队总共完成了超过 600 次传球，控球率高达 68％。梅西、哈维和伊涅斯塔等核心球员通过无缝的配合和灵活的站位，不断压迫对手。

团队合作：场上所有球员时刻保持联系，每一次传球都不仅仅是简单的球权转移，而是全队配合的象征。

三、素材应用

(一)素材媒体形式

素材呈现的媒体形式为文本与图片。

(二)素材应用建议

本素材可应用于大学体育与健康类足球专项课程学习。

(三)引用及版权说明

全部素材来自新华网,转载或者引用本文内容请注明来源。

(四)素材应用示例

1.本素材可应用于大学体育与健康类足球专项课程学习

教学内容:在足球专项课程中的足球技战术教学环节中,将足球二对一传切配合技术和足球脚内侧传接球训练结合起来,强化大学生的团队意识,并引导大学生体会、认识奉献的机理和尺度。

2.教学设计

(1)教学目标:应用本案例的专业教学内容,培养学生的团队奉献、团队合作精神,提高足球技战术,认识到团队配合的重要性。

(2)课程思政融入方法:在教学中,首先将榜样力量导入课堂,用榜样的力量激发、引导大学生以高标准要求自己,超越自己,激发兴趣。在此基础上,实施"技德相长"的教学模式。

(3)课程思政教学实施过程:在足球战术教学过程中,创造以下情景:一名大学生"放弃"个人进攻,传出足球交予队友,当队友获得球后,选择合适时机,回传球"完成"进攻。持球人将球传给队友,通过自身技术尝试摆脱防守人,将球传给队友创造更好的进攻机会,再接队友回传球完成射门。

通过听声辨位练习学生的身体素质和反应力,培养大学生奋勇争先、勇于面对挑战的意志品质。

3.教学效果

足球运动的特性就是追求比赛的快乐,在比赛中增强体质,在竞赛中提高技术、技能,从竞赛中调动大学生的主动性、积极性。通过比赛提高学生的足球兴趣,引导学生学会足球二对一传切配合技术,从小组练习到实战对抗,逐渐强化大学生的团队意识,并引导大学生体会、认识奉献的机理和尺度,形成知行强化,领悟"奉献精神"的真谛。

4.教学反思

在各项活动开展时要注意带动足球基本功较差的大学生一起参与,培养他们的运动参与感。真正做到让所有大学生都参与到体育锻炼中,对于有困难的学生可以为其制定针对性的教学计划,协助其完成教学目标。

(作者:王小乐)

案例3 无限忠诚,追求完美:温格 在阿森纳队22年执教生涯

一、素材介绍

(一)案例素材名称

无限忠诚,追求完美:温格在阿森纳队22年执教生涯。

(二)素材内容简介

温格现年68岁,于1996年9月22日成为阿森纳队主教练,当年10月1日正式上任。温格执教阿森纳队的第一场比赛是在1996年10月12日,他率队客场以2:0击败布莱克本队,那个赛季温格带队夺得了英超季军。迄今为止,温格在阿森纳队执教22年,带队出战1 228场比赛,取得了704胜、279平、245负的战绩,胜率为57.3%。温格离开执教长达22年的阿森纳队如图3-3所示。

在阿森纳队执教期间,温格改变了前任教练枯燥的训练方式。昔日被强制要求的长跑拉练被叫停。在训练方式上温格推陈出新,让球员保持了高昂的训练斗志。而在饮食习惯上,温格禁止球员饮酒,薯条、豆花都被温格纳入了"黑名单"。虽然这样的做法一度饱受质疑,但阿森纳队蒸蒸日上的成绩很快让质疑声销声匿迹。温格执教的阿森纳队迅速崛起,打破了此前曼彻斯特联队和切尔西队对于英超联赛冠军的垄断。在执教阿森纳队的头 8 年里,温格带队拿下了 10 座冠军奖杯,其中包括从 1998—2002 年赛季实现的英超冠军三连冠。

图 3-3 温格离开执教长达 22 年的阿森纳队

然而,随着时间的推移,阿森纳队始终"卖血",年年出售球星,包括法布雷加斯等球员都离开了"兵工厂"。球迷甚至一度声讨俱乐部年年卖球星,却在球票上年年涨价的行为。在如此困难的情况下,温格仍然让阿森纳队处于争冠球队的行列。在温格执教阿森纳队的 22 个赛季里,阿森纳队有 19 个赛季取得欧冠资格,且都从小组赛晋级。在球队整体实力不足的情况下,温格手下的阿森纳队却打出了 2∶1 逆转巴塞罗那队,2 球完胜欧洲防线最稳固的拜仁慕尼黑队等经典战例。他在比赛中始终要求球员竭尽全力,以实力堂堂正正和对手较量,绝不搞恶性犯规等"盘外招"的做法,这在如今功利足球的大潮流下显得尤为可贵。无论球队的实力如何,温格执教时期的阿森纳队都是英超赛场的一股清流。在纸面实力不断滑落的情况下,温格从未放弃对技术足球、美丽足球的追求。

二、思政育人

(一)思政育人主题

专业精、系统强、重实践、能担当。

(二)思政主题释义

专业精、系统强、重实践、能担当:温格执教阿森纳队后为球队带来不同于传统英式打法的全新面貌。在俱乐部投入严重不足的艰苦条件下,温格勇于担当,在年年出售队内明星球员的情况下依然让阿森纳队处于争冠球队的行列。

三、素材应用

(一)素材媒体形式

素材呈现的媒体形式为文本与图片。

(二)素材应用建议

本素材可应用于大学体育与健康类足球专项课程学习。

(三)引用及版权说明

全部素材来自搜狐体育,转载或者引用本文内容请注明来源。

(四)素材应用示例

1.本素材可应用于大学体育与健康类足球专项课程学习

教学内容:在足球专项课程中的足球运球绕杆技术教学中,由教师引导,学生自由组队,学习探讨动作要领。引导学生运用所学知识科学地思考和解释问题,从而为接下来的教学实践课打下良好基础。

2.教学设计

(1)教学目标:应用本案例的专业教学内容,培养大学生忠诚、注重细节、追求完美的意志品质,提高足球技术和战术素养,培养积极向上的生活态度,让优秀的精神品质伴随学生的日常学习生活。

(2)课程思政融入方法:运球是足球运动员在跑动中用脚连续推拨球,使球处于自己控制范围内的触球动作。其特点主要有三点:①控制进攻的速度;②调节比赛节奏;③运球和过人创造传球或射门良机。根据"足球初级课程"学习中大学生的足球运动基础差、部分甚至是零基础的状况,在教学中应帮助大学生了解运球绕杆技术,掌握足球运球绕杆技术中的变向点,知晓合理跑位是足球运球绕杆中的重要环节,引导大学生运用所学知识科学地思考和解释问题。

体育课以练习为主,讲解为辅。因此要从练习阶段入手,教师要以身作则,在练习时针对不同内容进行有针对性的安排,培养大学生注重细节的品质。对自身练习效果高标准、严要求,在提高大学生足球技术的同时养成追求完美的意志品质。

(3)课程思政教学实施过程:在动作技能的学习中,教师通过引导学生思考,培养学生知识迁徙的能力并将其正确运用到教学实践中。学生通过学习教师和有一定基础的同学的动作和讲解,了解并体会运球绕杆技术的合理触球部位及最佳变向时机的选择。

3.教学效果

教师引导,由大学生自由组队,学习探讨动作要领。教师适时予以解析。从课堂反馈了解到,学生能正确寻找出运球绕杆技术动作要领的关键点,学生通过足球运球技术的比较得出脚内侧触球的合理性。通过合适的步点,学生进一步加深了动作要领,从而为接下来的教学实践课打下良好基础。

4.教学反思

教师应反思教学方案内指定的运动量和运动强度是否合适,有多少学生掌握本次课程所教授的技战术。要结合学生身体实际情况制定切实可行方案,逐渐寻找思政培养和学生参与度之间的平衡。

(作者:王小乐)

案例 4　执着追求,厚积薄发:失业青年门迪夺冠传奇

一、素材介绍

(一)案例素材名称

执着追求,厚积薄发:失业青年门迪夺冠传奇。

(二)素材内容简介

拥有双重国籍的爱德华·门迪出生在法国北部诺曼底地区的勒阿弗尔,自小喜欢足球的他在父母的支持下,早早就进入了业余足校开始基础训练,直到13岁的时候才进入勒阿弗尔俱乐部青训营,在青训营的几年时间让他的各项技术得到了大幅的提升,不过由于勒阿弗尔青训营的优秀球员太多了,当时能力不是特别突出的门迪根本没有机会升入俱乐部的一线队,是为了能够出场比赛,他只能无奈的离开了勒阿弗尔。在参加多个球队的试训后,19岁的门迪和契堡格俱乐部签下合同,正式在2011年12月赛季的法国第3级别联赛中亮相。

也许是保级的压力太大,一直在联赛榜末徘徊的契堡格队并没有给门迪太多的出场机会,除了一些形式大于内容的比赛之外,他在契堡格俱乐部的将近3个赛季里总共出场次数不到10次。然而,不幸的是契堡格俱乐部最后还是降级了,降级后俱乐部没有和门迪续约。成为自由球员的门迪开始参加各种试训比赛,但是没有一家俱乐部收留他。失业后没有了收入,让饱受生活压力的门迪一度想放弃足球找另外的工作,后来在家人的劝说下,他才重拾信心,找到勒阿弗尔俱乐部要了一份不拿薪水的工作,就

为了能够和球队一起训练来保持状态。

跟着勒阿弗尔俱乐部"蹭"了一年球的门迪终究还是迎来了转机,他在契堡格俱乐部的队友得知他的处境后给了他一个信息,最终让他通过试训后被法甲马赛俱乐部二队选中。和高水平的球员一起训练,让受益良多的门迪在联赛中的表现也越来越出色。赛季结束后球队解散和一线队合并,但这次变故没有让门迪失业,因为赛季结束前他已经接受了法乙球队兰斯俱乐部的邀请。

加盟兰斯俱乐部的门迪签下了自己的第一份职业合同,首个法乙联赛赛季他出场次数不多,但是 3 场不失球的比赛让教练团队看到了他的潜力,在赛季后半段已经坐上主力位置的门迪在第 2 个赛季场场首发,用整个赛季 18 次零封对手的惊人表现帮助球队夺得乙级冠军。门迪捧起欧冠奖杯如图 3-4 所示。

门迪的出色表现,引起了切赫的注意,随即他建议切尔西队主帅兰帕德买下门迪。而此时切尔西队主力门将凯帕的表现令人失望,替补门将卡巴列罗的状态也不行,当门迪接近 2 m 的身高、超过 70% 的扑救成功率等等数据摆在兰帕德面前的时候,他立刻做了决定,于是在 2020 年的夏天,门迪来到了斯坦福桥。初来乍到的门迪马上就用一波完美的表演征服了兰帕德,他在英超联赛中连续 3 场确保球门不失,在欧冠赛场上 3 次零封对手,超过 500 min 的连续不失球让兰帕德彻底的抛弃了凯帕。

图 3-4　门迪捧起欧冠奖杯

二、思政育人

(一)思政育人主题

执着追求,厚积薄发。

(二)思政主题释义

执着追求:门迪对守门员的位置保持执着的追求,无论身处哪支球队,始终保持对加入高级别俱乐部的渴望。

厚积薄发:长期未能获得稳定出场机会并未使得门迪放弃对足球的热爱和对理想的追求,即使不要工资也和球队一起训练来保持状态。最终在自己的不懈努力下获得了成功。

三、素材应用

(一)素材媒体形式

素材呈现的媒体形式为文本与图片。

(二)素材应用建议

本素材可应用于大学体育与健康类足球专项课程学习。

(三)引用及版权说明

全部素材来自腾讯网,转载或者引用本文内容请注明来源。

(四)素材应用示例

1.本素材可应用于大学体育与健康类足球专项课程学习

教学内容:在足球专项课程中的足球脚内侧传接球技术教学和教学比赛中,设立特定的练习目标并逐步提高难度。引导大学生讨论比赛中的困难时刻,让学生分享自己如何通过努力和不断尝试克服这些挑战。鼓励大学生思考如何在比赛中持续追求最佳表现。

2.教学设计

(1)教学目标:应用本案例的专业教学内容,增强大学生对足球这项运动的热爱,培养执着追求、锲而不舍的意志品质,提高足球技术和战术素养,培养积极向上的生活态度,让优秀的精神品质伴随日常学习生活。

(2)课程思政融入方法:在足球课程思政的教学中,要深刻挖掘足球运动中丰富的课程思政元素,就需要教师不断提高自身的思政能力和素养。学校应提供教师学习和交流机会,拓宽课程的理论深度和广度,教师要与时俱进地广泛关注国际、国内体育运动的实时动态,多借助网络和新媒体的力量,对足球运动的思政元素进行深层次的挖掘和整理。需注意这些思政素材要符合足球课程的需要,与足球运动紧密联系,也要与青年大学生的年龄特征、心理特征相符合,易于被学生接受。

(3)课程思政教学实施过程:在足球技术训练中,重点是控球和传球。首先,进行一对一的控球练习,鼓励学生在对抗中保持冷静和专注。随后,进行不同距离的传球练习,强调准确性与团队配合,让大学生学会在实际比赛中如何快速做出决策。在控球和传球训练时,可以设置挑战,例如要求大学生在特定时间内完成一定次数的传球或控球练习。通过逐步提高难度,激励他们在失败后反复尝试,培养他们的执着精神。在小型对抗赛后,可以引导学生讨论比赛中的困难时刻,让他们分享自己如何通过努力和不断尝试克服这些挑战。鼓励他们思考如何在比赛中持续追求最佳表现。

3.教学效果

通过课堂内讲解体育个人和集体人物的先进体育事迹,培养学生强烈的责任感,勇于承担、弘扬实事求是的作风。

4.教学反思

关注大学生是否因为个人原因影响团队战斗力。团队成员是否包容个人出错,在鼓励中帮助大学生成长。

(作者:王小乐)

案例 5　永不言败:利物浦队大逆转,4 : 3 击败巴塞罗那队

一、素材介绍

(一)案例素材名称

永不言败:利物浦队大逆转 4 : 3 击败巴萨塞罗那队。

(二)素材内容简介

赛前,主场球队利物浦以 94 个联赛积分创造了俱乐部英超积分纪录,但仍然落后曼城 1 分,位居第二,极可能无缘英超冠军。欧战赛场上,在欧洲冠军联赛半决赛首回合 0 : 3 败走诺坎普,次回合必须 3 球以上大胜西甲冠军巴塞罗那队,否则将被淘汰,面临没有任何锦标可以争夺的境地。利物浦为争夺联赛冠以萨拉赫伤退的代价绝杀前“红军”主帅带领的“喜鹊军团”纽卡斯尔队。球队前场推进器菲尔米诺和主力得分手埃及之王萨拉赫先后因伤无法参战,球队锋线面临无人可用的境地。利物浦队逆转淘汰巴塞罗那队如图 3-5 所示。

客场球队巴塞罗那刚刚以 80 个联赛积分,以高出第二名 9 个积分的成绩提前夺冠。球队主力在联赛中轮休,以逸待劳,备战欧冠次回合比赛。

开场仅 1 分钟,马内切入禁区左侧传球,沙奇里 12 码处扫射,阿尔巴小禁区边缘在亨德森之前抢先捅出。苏亚雷斯和库蒂尼奥每次拿球均受到红军球迷嘘声。利物浦第 7 分钟率先破门,阿尔巴头球回传失误,马内传球,亨德森突入 10 码处推射被特尔施特根勉强扑出,奥里吉小禁区边缘推射空门入网。

马内禁区左侧小角度射门被扑出。法比尼奥飞铲苏亚雷斯被罚黄牌。阿尔巴回传,梅西禁区左侧 12 码处抽射近角被扑出。梅西突破斜传,库蒂尼奥左路禁区边缘推射被阿利松扑出。利物浦队解围角球,拉基蒂奇传球,梅西禁区边缘左脚抽射擦右侧立柱偏出。罗伯逊禁区左侧劲射也被扑出。半场补时,梅西直传,阿尔巴小禁区前单刀捅射被阿利松救下。

图 3-5　利物浦队逆转淘汰巴塞罗那队

　　维纳尔杜姆下半场替换受伤的罗伯逊出场。阿诺德开出角球,范戴克小禁区边缘蝎子摆尾扫射被特尔施特根神勇救出。巴塞罗那队展开反击,梅西直传,苏亚雷斯禁区右侧 12 码处单刀低射也被阿利松神勇扑出。利物浦队第 54 分钟扩大比分,阿诺德右路抢断阿尔巴后传中偏转,维纳尔杜姆 12 码处推射入网比分变为 2∶0。

　　第 56 分钟,沙奇里左路传中,维纳尔杜姆前点小禁区前头球破门,比分变为 3∶0。利物浦队将总分扳成 3∶3。巴尔韦德用塞梅多换下库蒂尼奥加强边路的攻防强度。巴塞罗那队展开反攻,梅西 30 码处任意球直接射门被人墙挡偏。随后梅西角球混战中禁区右侧小角度射门被阿利松挡出近角。阿图尔替换比达尔出场。

　　第 79 分钟,阿诺德试图让给沙奇里主罚角球,巴塞罗那队球员仍在安排防守站位,阿诺德突然返回角旗直接开出角球,无人防守的奥里吉小禁区前凌空垫射入左上角,比分变为 4∶0。利物浦队总分 4∶3 超出。最后时刻,巴塞罗那队无力再创造得分机会,利物浦队顽强控场并将比分保持到终场。利物浦队神奇翻盘,第 9 次杀入欧冠决赛。

二、思政育人

(一)思政育人主题

永不言败,团结一致。

(二)思政主题释义

永不言败:利物浦队没有因为首回合3球的劣势放弃晋级的希望。

团结一致:全场比赛利物浦队思想统一,所有队员都表现出强烈的取胜欲望,积极投入比赛。

三、素材应用

(一)素材媒体形式

素材呈现的媒体形式为文本与图片。

(二)素材应用建议

本素材可应用于大学体育与健康类足球专项课程学习。

(三)引用及版权说明

全部素材来自新浪体育、懂球帝,转载或者引用本文内容请注明来源。

(四)素材应用示例

1.本素材可应用于大学体育与健康类足球专项课程学习

教学内容:在足球专项课程中的足球控球和射门技术的教学中,设置"失败后重来"的规则。

2.教学设计

(1)教学目标:应用本案例的专业教学内容,培养大学生永不言败、团结一致的意志品质,提高足球技术,培养积极向上的生活态度。

(2)课程思政融入方法:在教学过程中,尤其是在分队对抗环节,逐渐培养大学生永不言败、团结一致、坚韧不拔的意志品质。通过足球基本技术、基本战术、身体素质练习三个方面的教学,使学生掌握足球运动的基本知识。

(3)课程思政教学实施过程:课程开始时进行 10 分钟的热身,包括慢跑和动态拉伸,同时讲述一位著名运动员的故事,强调他在职业生涯中如何克服挑战,激励大学生树立坚定的信念。接下来,进行控球和射门练习,设置"失败后重来"的规则。例如,大学生必须在连续失误后坚持进行一定次数的训练,直到成功。以此来培养他们面对失败的勇气和追求成功的决心。

3. 教学效果

通过本课程的实施,大学生在足球技术和战术素养方面得到了显著提升。热身和技术训练中,大学生在面对失败时表现出更强的韧性和持续努力的精神,积极参与并不断挑战自我。在小组战术演练中,大学生不仅理解了战术的重要性,还学会了如何在不利局面中寻找解决方案,增强了团队协作能力。整体而言,课程有效增强了学生对足球的热爱,也培养了他们在生活中也能积极向上的态度,形成了优秀的精神品质。

4. 教学反思

教师对分组情况还要进一步强调秩序,有时可能造成学生练习混乱。且受场地所限,教师难以同时指导两个场地的分组对抗安排。学生在一学期内学到的足球知识有限,需要不断充实授课内容。在热身、单人练习时增加足球知识的渗透与教学,可进一步提高课程思政的教学效果。

(作者:王小乐)

第四章 橄榄球课程思政案例

案例 1 顽强拼搏，奋勇争先：发扬新时代女橄精神

一、素材介绍

(一)案例素材名称

顽强拼搏，奋勇争先：发扬新时代女橄精神。

(二)素材内容简介

英式橄榄球在世界范围内是一项具有广泛群众基础的运动，但在中国依然属于小众运动。较之于诞生与成长有百年历史的新西兰和澳大利亚等橄榄球世界强队相比，中国女子橄榄球队稍显稚嫩。从 2003 年 3 月 24 日，中国第一支女子橄榄球队在上海浦东宣告成立，到 2010 年广州亚运会获得亚军，2014 年仁川力克日本队，为中国摘下了橄榄球史上的第一枚亚运会金牌。再到 2020 年奥运会第七名、2022 年亚洲七人制橄榄球系列赛阿联酋站冠军、2024 年获得世界橄榄球系列赛挑战赛冠军，中国女子橄榄球队用了近 20 年的顽强拼搏，逐渐步入世界强队行列。中国女子橄榄球队参加奥运会比赛如图 4 - 1 所示。

回顾中国女子橄榄球队二十多年的过往历程，从亚洲鱼腩球队变成亚洲顶级强队，再到世界强队，他们打破了人们对黄种人体质弱打不好橄榄球的看法，探究成功原因，与政策导向及科学训练有关。但更重要的一点是，中国女子橄榄球队的思想政治教育做得好，如球队成立了党支部，坚持

"三会一课",坚持问题导向,明确发展目标,将爱国奉献成为球队座右铭,不定期参观革命纪念馆成为常态等等。《强军战歌》是队歌,大战开始前的《强军战歌》,不仅鼓舞士气,还凝聚人心。一系列的球队团建,从思想到实战,从教练员到运动员,中国女子橄榄球队上下一心,发展成为能吃苦,肯担当,能实战的世界强队。发展至今,围绕爱国奉献,中国女子橄榄球队是国内校园体育运动队学习的楷模,更是当代大学生学习的榜样。

图 4-1 中国女子橄榄球队参加奥运会比赛

二、思政育人

(一)思政育人主题

女橄精神涵养家国情怀,赓续精神血脉。

(二)思政主题释义

中国女子橄榄球队重点体现爱国主义精神,每名中国女子橄榄球运动员怀揣梦想、信念和动力,明确为之奋斗的目标,每一名队员积极加入中国共产党,提高思想意识和思想觉悟,以为国争光为己任。橄榄球运动的勇往直前、团结协作是运动特质,中国女子橄榄球队展现的内在精神足以感染每一位国人。国人尤其是大学生应当汲取女橄精神,学会顽强拼搏,奋勇争先,为国家争得荣誉。

三、素材应用

(一)素材媒体形式

本案例以文档和视频的形式展现。

(二)素材应用建议

橄榄球课程中通过引入案例增强大学生的民族自豪感,帮助大学生更好地感悟、学习和了解祖国至上的爱国精神是做好新时代中国特色社会主义接班人的根本任务。

橄榄球课程中通过引入案例帮助大学生更好地理解橄榄球的核心精神,包含正直、热诚、纪律、尊重和团结。这与中华体育精神核心要义高度契合,加之爱国奉献精神,对培养全面发展的当代大学生有着现实之功用。

(三)引用及版权说明

此教学素材案例为笔者撰写,素材中有相关文献资料来源均无知识产权异议纠纷;此案例可用于体育课程教学。

(四)素材应用示例

1.案例可应用于大学体育与健康类橄榄球专项课程学习

教学内容主要包括观看线上视频和线下实践操作两部分:观看线上视频主要包括中国女子橄榄球队员参加亚运会、奥运会比赛的视频等内容;实践操作主要包括移动技术、传接球、带球跑、踢球等各项技术教学,同时深入挖掘以爱国主义精神为代表的优秀体育资源融入课程内容,拓宽大学生知识视野,提高大学生学习兴趣和教学效果,注重橄榄球课程思想政治教育的时代性、时效性和政策性。

2.教学设计

(1)教学目标。

认知目标:加强大学生对爱国主义精神和橄榄球五大核心的理解,激发大学生对于学习橄榄球运动的兴趣。

技能目标:通过学习与练习,80%的学生基本掌握橄榄球基本技术,20%的学生初步掌握橄榄球基本技术。

身体目标:通过身体素质和动作技术练习,锻炼学生的心肺功能,发展学生协调、灵敏等身体素质。

(2)课程思政融入方法:一方面,通过观看中国女子橄榄球队比赛视频激发大学生爱国主义情怀;另一方面,通过大学生自身参与到团队教学比赛中,培养学生团队协作、顽强拼搏的体育精神。

(3)课程思政教学实施过程:一是线上线下混合式教学相结合,课前预习教师提供的视频资料;二是课堂上讲解典型人物案例。例如:分析中国女子橄榄球队员在受到伤病干扰的情况下如何克服伤病,身披国家队战袍具备荣辱观,做到顾全大局,牺牲个人、奉献团队的崇高理想信念;结合中国女子橄榄球队员在赛场上的顽强拼搏精神,引导学生感受竞技比赛时运动员浓烈的爱国情怀,感受不到最后一刻永不放弃的光荣使命感,切实感受信仰的力量。

3.教学效果

通过橄榄球课程教学,切实强化学生的体能,从根本上提升学生的身体素质;在学、练过程中增强学生的爱国主义精神和对橄榄球核心精神的深刻理解,从现实中端正学生三观,起到理论和实践双重育人的效果。

4.教学反思

借助多媒体观看中国女子橄榄球队比赛视频的方式向学生传播爱国主义精神,但脱离现实中的讲解学生理解不够深刻,应在教学比赛或练习中对出现的问题(如学生怕晒、天气炎热、消极比赛或练习不认真等),先从理论中植入中国女子橄榄球队的先进事迹,再从实践中强化练习,做到内外兼修、立德树人。

(作者:徐耀铎)

案例 2 绝杀夺冠:坚持不懈, 永不放弃的体育精神

一、素材介绍

(一)案例素材名称

绝杀夺冠:坚持不懈,永不放弃的体育精神。

(二)素材内容简介

开局逆风:2024 年中国大学生英式七人制橄榄球锦标赛男子甲组决赛伊始,西北工业大学(以下简称西工大)队出现接开球失误,全队陷入被动防守,对手率先达阵,西工大队 0∶5 落后。这是参加本次锦标赛第一次让对手率先得分,此时,西工大全体队员压力倍增。

半场前反超:全队在吸取了上一届锦标赛逆风球打不好的经验教训后,西工大队员们沉着冷静,做好自我,在不断传递球和持球向前推进中重新把握机会,打好每一次进攻,在对方的强大压迫下,以一次出其不意的达阵反超比分,并且再接再厉,在上半场建立 9 分的领先优势。

比赛结束前再次落后:然而,对手并没有轻易放弃,他们在比赛的后半段利用西工大队的失误,连续两次达阵得分,15∶14 反超 1 分。而西工大队由于连续失误以及无法用进攻打开局面,陷入了绝境。第十届中国大学生英式七人制橄榄球锦标赛男子甲组冠军如图 4-2 所示。

绝杀:终场时间到,汽笛响起(按照比赛规则在不停球的情况下比赛继续),西工大队仍落后 1 分。随着对手最后一次踢开发球失误,球权转换,这是西工大队最后一次进攻球权的机会。最终,西工大全体队员们秉承着毅然果决,坚韧不拔的体育精神,通过一次有效的斯克兰定位进攻战术,实现了绝杀!那一刻,全体队员激动地拥抱在一起,欢呼雀跃,热泪盈眶。这场胜利不仅是一场竞技比赛的胜利,更是团结一致、把握机会、永不言弃、拼搏进取的胜利。

图 4-2　第十届中国大学生英式七人制橄榄球锦标赛男子甲组冠军

二、思政育人

(一)思政育人主题

坚持不懈,永不放弃的体育精神。

(二)思政主题释义

　　结合橄榄球精神,将"总师育人文化"的低调务实、兼收并蓄、厚积薄发、为国铸剑"内涵特质融入到西工大橄榄球队的每一名队员中。在日常的训练中发扬"专业精、系统强、重实践、能担当"的"总师"雏形特质。结合橄榄球特有精神,融入总师特质,培养西工大学子具有"家国情怀、追求卓越、引领未来的领军人才"。

　　橄榄球运动精神:正直、热诚、团结、纪律、尊重。每一位参与者需要遵守竞赛规则,做为校争光,不怕苦、不怕累的热血青年,为学校体育事业奉献自己的青春与活力,西工大每一名橄榄球队员秉承团结协作精神,比分落后时彼此相互鼓励,透过比赛规则,将纪律与尊重同中华体育精神相契合。

三、素材应用

(一)素材媒体形式

本案例以文档的形式展现。

(二)素材应用建议

橄榄球课程中通过引入案例增强学生的追求卓越、引领未来的总师培养目标,帮助大学生更好地感悟"低调务实、兼收并蓄、厚积薄发、为国铸剑"的"总师育人文化"。

体育课的橄榄球课程中,通过引入案例帮助大学生更好地理解橄榄球运动的核心精神与西北工业大学"总师育人文化"相契合。

(三)引用及版权说明

此案例教学素材为笔者撰写,素材中有相关文献资料来源均无知识产权异议纠纷;此案例可用于体育课题教学。

(四)素材应用示例

1.案例可应用于大学体育与健康类课程与橄榄球专项课程学习

教学内容主要包括观看线上视频和线下实践操作两部分:观看线上视频主要包括西工大参加全国大学生橄榄球锦标赛视频等内容,实践操作主要包括移动技术、传接球、带球跑、踢球等各项技术教学。同时深入挖掘以"总师育人文化"为代表的优秀体育资源融入课程内容,拓宽大学生知识视野,提高大学生学习兴趣和教学效果,注重橄榄球课程思政教育的时代性、时效性和政策性。

2.教学设计

(1)教学目标。

认知目标:加强学生对"总师育人文化"和橄榄球五大核心的理解,激发学生对于学习橄榄球运动的兴趣。

技能目标:通过学习与练习,80%的学生基本掌握橄榄球基本技术,20%的学生初步掌握橄榄球基本技术。

身体目标:通过身体素质和动作技术练习,锻炼学生的心肺功能,发展学生协调、灵敏等身体素质。

（2）课程思政融入方法：一方面，通过观看西工大的橄榄球比赛视频激发学生爱国主义情怀，另一方面，通过学生自身参与到团队游戏中，培养学生团队协作、顽强拼搏的体育精神。

（3）课程思政教学实施过程：一是线上线下混合式教学，课前预习教师提供的视频等资料，二是课堂上讲解典型人物案例。例如：西工大橄榄球队员黄文彬；分析西工大运动员们的比赛、学习情况，结合他们在赛场上的拼搏身姿和学习的优异成绩，进而引导大学生感受"总师育人文化"培养"专业精、系统强、重实践、能担当"的"总师"目标，感受信仰的力量。

3.教学效果

通过橄榄球课程的教学，切实强化学生的体能，并在学练过程中增强大学生的"总师育人文化"和对橄榄球五大核心精神的深刻理解。

4.教学反思

采用观看西工大男子橄榄球对比赛视频的方式向学生传播爱国主义精神，但观看效果不如组织大学生观看现场比赛更具冲击力和真实感。

（作者：徐耀铎）

案例3　小个子的热诚精神：橄榄球运动员切思林·科尔比

一、素材介绍

（一）案例素材名称

小个子的热诚精神：橄榄球运动员切思林·科尔比。

（二）素材内容简介

切思林·科尔比的励志成长故事，激励着新一代橄榄球人，他用实力证明自己，并告诉世人小个子拥有大能量。他就是1993年10月28日出生于南非的切思林·科尔比（Cheslin Kolbe）。切思林·科尔比身高

171 cm,体重 80 kg——在英式橄榄球这项对抗激烈的运动中,相比那些身高接近两米、体重动辄上百公斤的英式橄榄球运动员,他的身体数据差强人意。然而,就是这样一个小个子,成为了世界上最出色的边锋之一,他在 2016 年里约奥运会上随南非队获得七人制英式橄榄球铜牌,在 2019 年和 2023 年随南非队两次夺得橄榄球世界杯冠军,并于 2019 年被提名世界橄榄球先生。

切思林·科尔比在南非开普敦北部郊区的克拉伊方丹长大,这里的街区犯罪猖獗,他几乎每天都能听到敌对帮派之间的枪声,能够不被身边环境负面影响走上犯罪道路,主要得益于他曾打过反种族隔离橄榄球的父亲安德鲁。科尔在比赛中凭借个人能力达阵得分如图 4-3 所示。

图 4-3　科尔在比赛中凭借个人能力达阵得分

切思林·科尔比曾经说过:"我坚信这个游戏是为每一个人设计的,不管你是高是矮。"由于身材相对较矮小,他必须在橄榄球场上用技术和速度来弥补这一劣势。通过不断努力锻炼和精进自己的技术,他的 100 m 成绩达到 10.70 s,尽管身材矮小,他却以出色的防守能力而闻名,令人惊叹的脚步与速度以及接触时的力量,往往能将许多体型差距极大的进攻人都防守不下来。

切思林·科尔比在日本橄榄球甲级联赛圣哥利亚队和南非国家队效力,他已经被普遍认为是世界上最好的球员之一。正是他对英式橄榄球的热诚,用热爱和真诚、坚信和付出消除了他身材矮小带来的不利因素。他在橄榄球赛场上的每一个扑搂、达阵,是英式橄榄球精神的内在体现,也是他坚定地追求梦想并实现自我价值的表现。

二、思政育人

(一)思政育人主题

执着和毅力去热诚的参与,实现自我价值。

(二)思政主题释义

橄榄球运动精神之一热诚,即需要参与橄榄球运动的人需要具备"热诚精神",无论先天身体素质如何,只要参与其中,需要具备热爱和虔诚的心,明确目标,克服障碍,实现自我价值。切思林·科尔比的成长案例激励着每一位参与橄榄球运动的人刨除个人因素,勇于参与,在团队中学会生存,找到自我位置并实现自我价值。同时,每一位橄榄球参与者不但要遵守竞赛规则,汲取橄榄球运动精神,还要拥有奉献精神及团结协作意识,在公平公正的竞技比赛中展现自我,助力团队。

三、素材应用

(一)素材媒体形式

本案例以文档的形式展现。

(二)素材应用建议

橄榄球课程教学中,通过引入案例帮助学生更好地理解橄榄球运动的"热诚精神",与西北工业大学总师育人文化中"兼收并蓄、厚积薄发"融合,让学生在听中悟、练中强。

(三)引用及版权说明

此案例教学素材为笔者撰写,素材中有相关文献资料来源均无知识产权异议纠纷。此案例可用于橄榄球课程及其他课程教学。

(四)素材应用示例

1.案例可应用于大学体育与健康类课程与橄榄球专项课程学习

教学内容主要包括观看线上视频和线下实践操作两部分:观看线上视频主要包括切思林·科尔比成长及比赛视频等内容;实践操作主要包括移动技术、传接球、带球跑、踢球等各项技术教学。同时深入挖掘以"热诚精神"为主的橄榄球精神,挖掘思政元素融入橄榄球课程教学内容,拓宽学生知识视野,提高学生学习兴趣,注重教学效果,紧扣橄榄球课程的思政教育的时代性、时效性和政策性。

2.教学设计

(1)教学目标。

认知目标:加强学生对橄榄球"热诚精神"的理解,激发学生对于学习橄榄球运动的兴趣。

技能目标:通过学习与练习,80%的学生基本掌握橄榄球基本技术,20%的学生初步掌握橄榄球基本技术。

身体目标:通过身体素质和动作技术练习,锻炼学生的心肺功能,发展学生协调、灵敏等身体素质。

(2)课程思政融入方法:一方面,通过观看切思林·科尔比比赛视频激发学生对橄榄球的运动兴趣,了解其内在精神特质;另一方面,通过学生自身参与到团队教学比赛中,培养学生的"热诚精神",同时衍生出团队协作、顽强拼搏等精神的价值功用。

(3)课程思政教学实施过程:一是线上线下教学相结合,课前预习教师提供的视频资料;二是课上讲解典型人物案例,例如:切思林·科尔比,分析他的成长、生活、比赛等经历,结合他在赛场上的拼搏和为国家所做出的贡献,进而衍生出我国当代学生通过体育课程学习,在理论和实践结合作用下,如何提高爱国奉献、遵纪守法、顽强拼搏等中华体育精神之特质,并应用于实践中。

3.教学效果

通过橄榄球课程教学,切实强化学生体能。在实践中提升身体素质,在精神中提升思想素质、道德素质和心理素质。将课程思政案例作为指引,切思林·科尔比个人案例说明在付出个人努力的同时需要拥有强大的精神本质。

4.教学反思

通过观看切思林·科尔比比赛、生活或成长视频等方式向学生传递爱国主义精神,虽身处不同国家,但鞠躬尽瘁的橄榄球"热诚精神"值得效仿和学习。现实教学中借助多媒体设备(如平板电脑或在多媒体教室)能更好地组织大学生现场观看,现场讲解更具真实感。

（作者:徐耀铎）

案例 4　触式橄榄球的持球进攻练习:
厚植勇往直前的橄榄球精神

一、素材介绍

(一)案例素材名称

触式橄榄球的持球进攻练习:厚植勇往直前的橄榄球精神。

(二)素材内容简介

价值内涵:触式橄榄球教学过程中,出现了学生在练习中不敢持球向前带动,进攻选择性犹豫导致带球向前跑动速度不够,策应同伴向前加速接球时机不好。遇到防守人躲着跑、乱扔球等现象频出。造成以上现象频出的根本原因是学生对触式橄榄球运动的核心理念不了解,不能有效掌握触式橄榄球的进攻的基本原则。触式橄榄球衍生于英式橄榄球运动,都是持球向前跑动,向后传球,其核心精神是勇往直前、前赴后继、团结协作。该运动对塑造学生爱国主义、无私奉献的精神起到积极作用。

练习过程:根据人数,平均分配,10人一组,先开始6人进攻4人防守,场地为二分之一足球场,从一端底线开球,进攻6人可随意跑动传球,但不得前掉球和前传球,每组有3分钟进攻时间。进攻时间结束后进攻人和防守人互换。在练习过程中要求学生不得前传球和掉球、不得阻挡掩护、接球策应人选位要快、加速接球、持球人主动触摸防守人、持球人快速胯下放球、接应人捡球人快。

育人理念:提高大学生在触式橄榄球比赛中的"向前"意识,明确向前跑能获得更多的得分机会。树立大学生敢于正视问题的观念,对其理解触式橄榄球进攻原则、掌握进攻技巧及提高进攻效率有着积极作用。培养大学生的勇往直前、无私奉献精神。6人进攻、4人防守的触式橄榄球进攻练习如图4-4所示。

图4-4　6人进攻、4人防守的触式橄榄球进攻练习

触式橄榄球进攻练习中"6人进攻4人防守"练习有助于学生在进攻中创造进攻空间,同时塑造学生勇往直前的精神,不畏惧困难。明确在进攻向前的条件下获得更多的得分机会,并学会突破对方防线,在团结一致得分后更能激发学生的进攻欲望和兴趣,巩固提高所学技术。

二、思政育人

(一)思政育人主题

勇往直前,无私奉献和团结协作精神。

(二)思政主题释义

触式橄榄球进攻案例中明确进攻需要创造以多打少的机会,在持球进攻的情况下创造进攻空间和得分机会。持球人需要勇于承担责任,敢于持球向前跑动,为同伴创造得分空间和得分机会。练习过程中,持球人带球向前,把握好传球时机,接球策应人选择合理接球位置。此过程需要进攻队团结一致,有目的有策略的得分。

三、素材应用

(一)素材媒体形式

本案例将以文档或视频的形式展现。

(二)素材应用建议

触式橄榄球课程教学中,通过引入案例帮助学生理解橄榄球运动的"勇往直前、无私奉献和团结协作精神",与西北工业大学"专业精、系统强、重实践、能担当"的"总师育人文化"融合,让学生在练中学、练中悟。

(三)引用及版权说明

此教学素材案例为笔者撰写,素材中有相关文献资料来源均无知识产权异议纠纷。此案例可用于橄榄球课程及其他课程教学。

(四)素材应用示例

1.案例可应用于大学体育与健康类橄榄球专项课程学习

教学内容主要包括观看线上视频和线下实践操作两部分:观看线上视频主要包括触式橄榄球教学比赛视频等内容;实践操作主要包括持球跑动、传接球配合及观察选位等各项技术教学,同时深入挖掘以"勇往直前、无私奉献和团结协作"精神为主的橄榄球理念,挖掘思政元素融入橄榄球课程教学内容,拓宽学生知识视野,提高学生学习兴趣,注重教学效果,紧扣橄榄球课程的思政教育的时代性、时效性和政策性。

2.教学设计

(1)教学目标。

认知目标:加强学生对橄榄球"勇往直前、无私奉献和团结协作"精神的理解,激发学生对于学习橄榄球运动的兴趣。

技能目标:通过学习与练习,80%的大学生基本掌握橄榄球基本技术,20%的大学生初步掌握橄榄球基本技术。

身体目标:通过身体素质和动作技术练习,锻炼大学生的心肺功能,发展大学生协调、灵敏等身体素质。

(2)课程思政融入方法:一方面,通过观看触式橄榄球教学比赛视频,激发学生对橄榄球的运动兴趣,了解触式橄榄球进攻的内在精神特质;另一方面,通过学生自身参与到团队教学比赛中,培养学生的"勇往直前、无私奉献和团结协作"精神,衍生出团队协作、顽强拼搏等精神的价值功用。

(3)课程思政教学实施过程:一是线上线下教学相结合,课前预习教师提供的视频资料;二是课上讲解典型人物案例。例如:张同学的进攻表现案例分析,分析进攻持球人的比赛实践经历,结合张同学在赛场上的技战术表现、精神面貌等,衍生出当代学生通过体育课程学习,在理论和实践两个方面结合作用下,提高爱国主义、无私奉献、遵纪守法、顽强拼搏等精神特质,并应用于实践中。

3.教学效果

通过触式橄榄球课程教学,切实强化学生体能。在实践中提升身体素质,在精神中提升思想素质、道德素质和心理素质。将课程思政案例作为指引,透过教学比赛进攻案例的实践检验,在提高个人技能的同时,需要树立"勇往直前、无私奉献和团结协作"的精神本质。

4.教学反思

通过教学比赛、专项练习、观看视频、阅读文档等实践案例向学生传递爱国主义精神,同时结合实际践行"勇往直前、无私奉献和团结协作"的精神本质。现实教学中借助多媒体设备(如平板电脑或在多媒体教室)组织大学生现场观看,现场讲解更具真实感。

(作者:徐耀铎)

案例5　领导力与团结协作,塑造团队至上的"总师型"人才

一、素材介绍

(一)案例素材名称

领导力与团结协作,塑造团队至上的"总师型"人才。

(二)素材内容简介

培养团队至上的"总师型"人才,是一个旨在塑造既具备卓越个人能力,又深谙团队至上重要性的领导者的过程。领导力与团队协作精神发挥着至关重要的作用。在腰旗橄榄球的比赛中,强化团队意识教育,向同学们传递团队合作的重要性和价值,是实现项目成功和个人成长的基石。在比赛中通过实践操作来锻炼他们的团队协作能力,鼓励他们与团队成员紧密合作,共同解决问题。每一次精彩的传接球,每一档进攻战术的完成,都需要进攻组各个位置的球员的协同合作才能实现。鼓励"总师型"人才、将个人成长与团队发展紧密结合,通过带领队伍比赛实现目标来提升自己的领导力和团队协作精神。比赛中的核心人物四分卫作为领导角色不仅要有精湛的传球能力,出色的领队能力,还要有面对困难和抵御挫折的能力。

本案例是将领导力和团队协作精神等思政元素以腰旗橄榄球多交叉进攻战术配合的教学比赛方式融入到学习中,塑造团队至上的"总师型"人

才。注重大学生身体素质的提升,更强调通过比赛和练习,培养大学生出色的领导能力和良好的团队协作精神,公平竞争,挫折承受等能力;培养大学生在建立团队的基础之上,发挥团队精神,互补互助以达到团队最大工作效率等精神品质。这些能力不仅对塑造团队至上的"总师型"人才、学生的个人成长具有重要意义,也对它们未来的社会生活和职业发展具有深远的影响。

二、思政育人

(一)思政育人主题

发挥领导力和团结协作精神,构建塑造团队至上的"总师型"人才理念教育。

(二)思政主题释义

领导力是一个人在团队中,个人通过其影响力、决策力、执行力和沟通能力,引导并激发团队成员朝着共同的目标努力。领导力不仅仅是指挥和控制,更重要的是激发团队成员的潜力,促进团队协作,以实现团队的目标。

团队协作精神是指团队成员为了实现共同的目标,相互支持、协作、配合、信任、尊重,共同面对挑战和解决问题的一种精神状态。这种精神对于团队的凝聚力和效率至关重要。

三、素材应用

(一)素材媒体形式

网络视频、网络文章。

(二)素材应用建议

本素材可以应用于面向学生开设的腰旗橄榄球课程的教学过程,可在专项课程中的身体素质练习环节中穿插应用。

(三)引用及版权说明

案例所选用素材来源于网络,无知识产权异议和纠纷。对案例的教学或其他使用、引用等方式约定:教师教学过程可直接使用,其他使用、引用请注明西北工业大学课程思政教学素材案例。

(四)素材应用示例

1.案例可应用于大学体育与健康类课程与腰旗橄榄球专项课程学习

教学内容主要包括对学生的基本技术教学以及通过小组学习的形式进行技、战术学习、教学比赛。同时,深入挖掘领导力与团结协作的体育精神,将体育资源融入课程内容,拓宽大学生知识视野,提高大学生学习兴趣和教学效果。将腰旗橄榄球课程思想政治教育通过课程教学潜移默化地对学生进行思想政治教育。

2.教学设计

(1)教学目标:一方面,帮助大学生树立正确的世界观,人生观,价值观和体育教育观;另一方面,帮助大学生在腰旗橄榄球的课程学习过程中体会领导力与团队协作精神的重要性。

(2)课程思政融入方法:通过对腰旗橄榄球教学课程中教学内容的不断梳理,结合教师专业讲解,多场激烈比赛的磨练,培养大学生理论与实践相结合的能力,充分挖掘实践过程中的思想政治要素。

(3)课程思政教学实施过程:在教学比赛中,通过分组进行教学比赛实践,教学比赛中分别包括进攻组和防守组,作为团队要想赢得比赛,每个队员都要明白不论是在进攻组,还是在防守组,对于橄榄球的队员来说,不仅要有个人能力,还要在不同位置上各尽所能,与其他队员协调合作能力。在整个教学比赛过程中,要充分发挥思想政治教育在体育教育中的作用,明确思想政治教育目标,加强价值引导,把思想政治工作贯穿于体育教学全过程,实现全员、全过程、全面育人的新格局。培养具有出色领导力和团队协作能力,团队至上的专业学科领域内的总师型人才。

3.教学效果

授课过程中将思政元素融合在教学活动中的效果是显著的。橄榄球运动的比赛规则就是不断向前推进占领对方的阵地获得胜利。在比赛的过程中,每个人在橄榄球队伍中都不是独立分离的个体,一场比赛的胜利靠的是所有队员的相互配合和整体表现。教学比赛调动了大学生的积极性和参与热情，出现了人人都想去积极完成团队目标的信念，并能克服困难肩负起团队给与的责任，增加了大学生的领导力和团队协作能力，强化了"团队至上"的理念。

4.教学反思

在比赛过程中，因为大学生身体素质个体差异的存在，会有个人能力较强的大学生不愿意接受身体素质较差、比赛过程中出现失误较多的同学加入，缺乏团队精神。教师要及时引导，培养其体育精神。教师可在问题出现后，及时在比赛的过程中予以鼓励和引导，达到事半功倍的思政教育的效果。

（作者：郭雅）

第五章 乒乓球课程思政案例

案例 1 人生能有几回搏，此时不搏更待何时

一、素材介绍

（一）案例素材名称

人生难得几回搏，此时不搏更待何时。

（二）素材内容简介

1957 年 4 月下旬，日本乒乓球队访问香港，容国团像一头初生牛犊，与世界冠军狄村对阵，爆出了一个大冷门——他以 21：19、21：13 连胜两局，在一片惊叹声中，将世界冠军拉下马。1956 年底，容国团向广东省体委递交了一封申请书，请求报效祖国。一系列的波折后，容国团接到广州体育学院的入学通知。1957 年 11 月 1 日，容国团背着简单的行装，在工联会工作人员陪同下，迈步走过深圳罗湖桥，投入了祖国的怀抱。他苦心练就直拍快攻打法，球路广、变化多、发球精，推、拉、削、搓和正反手攻球技术较好地继承和发展了我国乒乓球左推右攻的传统技艺，并创造发转与不转球、搓转与不转球的新技术。他运用战术灵活多变，独具特色，开创了我国乒乓球"快、准、狠、变"的近台快攻技术风格。1959 年，第二十五届世界乒乓球锦标赛在联邦德国多特蒙德举行，容国团夺得男单冠军，为中国夺得世界体育比赛中第一个世界冠军。这个世界冠军，让容国团的命运驶入了另一轨道，也从此改变乒乓球项目在中国体育体系中的地位。1961 年 4

月,在第 26 届世界乒乓球锦标赛男子团体决赛上,面对中国队赛况落后的不利形势,他坚定信念,振奋精神,挥拍上阵,并激情誓言:"人生难得几回搏,此时不搏更待何时!"最终力挫强劲对手,带领中国队力克群雄,首次夺得男子团体冠军,为中国乒乓的辉煌篇章再添浓墨重彩的一笔。容国团的名字,从此与中国乒乓球的荣耀紧密相连,成为激励后来者不断前行的光辉典范。

二、思政育人

(一)思政育人主题

顽强拼搏,永不言败。

(二)思政主题释义

面对中国队赛况落后的不利形势,荣国团坚定信念,振奋精神,挥拍上阵,最终力挫强劲对手,为中国队第一次夺得男子团体冠军作出了重要贡献。他"人生能有几回搏,此时不搏更待何时"是敢拼、敢闯、勇攀高峰、坚韧不拔的体育精神,是为国争光的爱国主义精神,是在逆境中不向困难低头的永不言败的精神。

三、素材应用

(一)素材媒体形式

本素材以视频、文档形式呈现。

(二)素材应用建议

本素材可以应用于学校开设的各项各类课程的教学过程中,通过引入素材,引导学生在学习过程中学会顽强拼搏以及增强责任感和使命感,不断面对困难并解决困难。

(三)引用及版权说明

此教学素材案例为笔者撰写,素材中有相关文献资料来源均无知识产权异议纠纷。此案例可用于体育课题教学。

(四)素材应用示例

1. 案例可应用于大学体育与健康类乒乓球专项课程学习

教学内容:搓球技术、左推右攻技术的学习。

2. 教学设计

(1)教学目标:通过本节课专业教学内容,希望学生们掌握搓球技术、左推右攻技术的学习;树立为国争光的责任感和使命感,引导大学生树立正确荣辱观和顽强拼搏的观念。

(2)课程思政融入方法:综合运用语言形式获得间接经验、感悟式、渗透式教学方法,以体育德,以体益智,依托体育,但不限于体育,实现价值引领与知识传授、能力培养相融合。

(3)课程思政教学实施过程:在进行搓球技术讲解时,介绍荣国团创造搓转与不转球的新技术,从而引出"乒乓球在中国,第一个世界冠军荣国团"主题,面对中国队赛况落后的不利形势,他坚定信念,振奋精神,力挫强劲对手,为中国队第一次夺得男子团体冠军作出了重要贡献,引出我们的思政育人主题——"人生能有几回搏,此时不搏更待何时"的敢拼、敢闯、勇攀高峰、坚韧不拔的体育精神,为国争光的爱国主义精神以及在逆境中不向困难低头的永不言败的精神。让大学生既能提高运动技能水平,又能在运动训练教学中受到思政教育,促进知识传授与价值引领相得益彰。

3. 教学效果

在大学生巩固提高搓球技术与左推右攻技术,完成教学目标的同时,他们在知识、能力、思想认识上有了提高,可使大学生树立为国争光的责任感和使命感,引导大学生树立正确荣辱观和顽强拼搏的观念。

4. 教学反思

教育大学生化被动学习为主动学习,让大学生自己讲述容国团的故事,再由教师进行补充,激发学生的主动性,有效提高课程思政教学效果。

(作者:阴甜甜)

案例 2　公正让我别无选择

一、素材介绍

(一)案例素材名称

公正让我别无选择。

(二)素材内容简介

在 2005 年上海世乒赛中,波尔可以说是中国男乒最强劲的对手,当时波尔世界排名第 5,而刘国正世界排名第 18 位。

在第 7 局也就是决胜局里,刘国正以 12∶13 的比分落后,再输一分就将被淘汰。赛点上,波尔发球,刘国正搓了一板,波尔反手快撕,刘国正回球"出界"。这个时候,看台上的中国球迷都发出了遗憾的叹息声,波尔的教练已经开始起立欢呼,准备冲进场内拥抱自己的弟子。而就在这一瞬间,波尔却优雅地伸手示意,指向台边——这是个擦边球,应该是刘国正得分。就这样,刘国正被对手从悬崖边"救"了回来,重新赢得了一线生机,而刘国正振作精神,并最终以 15∶13 的比分击败了波尔,闯进了上海世乒赛的男单八强。波尔尽管输掉了比赛,但是却赢得了世界所有球迷的尊重。这场震撼世人的经典之战不仅是因为双方选手的高超球艺,也不仅是刘国正在绝境中的坚韧不拔,更因为波尔那个优雅的手势。对于波尔,夺取世界冠军是他的夙愿,这一次,他再次如此接近自己的梦想,只要赢下那一分,就可顺利晋级。而这个球是否擦边或许只在 0.01 cm 之间,观众看不到,对手也看不太清楚,即便是裁判也可能错判。但是波尔却选择了主动示意。波尔虽然失利了,但却赢得了观众雷鸣般的掌声。

赛后有记者问波尔,他知不知道如果不指出这个球是擦边球,自己就可以赢下比赛了?波尔表示:"其实这很正常,当时我也没想什么,因为我看到那个球是擦边,比赛就是这样的,公平竞争,我必须这么做,公正让我别无选择!"波尔几乎是不假思索地做出的那个动作,说明诚实已成为他的一种下意识的举动。将诚实变成一种习惯,这位赛场上的失败者给我们上了一堂生动的人生之课。

二、思政育人

(一)思政育人主题

诚信光芒照耀体育精神。

(二)思政主题释义

乒乓球运动不仅是一项体育运动,更是一个道德价值实现的重要载体。在乒乓球比赛中,诚实守信是运动员必须遵守的基本准则。这要求运动员在比赛中尊重对手和裁判,不弄虚作假,不得采取不正当手段获取胜利。这种诚实守信的精神,正是诚信在乒乓球运动中的直接体现。

三、素材应用

(一)素材媒体形式

本素材以视频、文档、图片形式呈现。

(二)素材应用建议

党的二十大报告提出:"弘扬诚信文化,健全诚信建设长效机制。"作为面向大学生开设的体育与健康类乒乓球项目课程,希望通过该门课程,可以激发学生运动兴趣,提高学生对乒乓球运动认知,培养学生自主锻炼、终身锻炼的意识与行为习惯,促进学生心理健康,通过"国球"培养学生的家国情怀和坚持不懈、公平正义、通力合作等品格。诚信和体育精神是任何竞技活动的核心和灵魂,在体育竞赛中,诚实守信是对对手的尊重,也是对自我能力的认可。诚信做人、诚信考试,树立良好的学风、考风、考纪。大学体育课乒乓球课程中,通过引入该案例可以进一步增强学生的规则意识,进一步提升诚信意识,懂得尊重规则、维护公正。

(三)引用及版权说明

此教学素材案例为笔者撰写,素材中有相关文献资料来源均无知识产权异议纠纷。此案例可用于体育课题教学。

(四)素材应用示例

1.案例可应用于大学体育与健康类乒乓球专项课程学习

教学内容:掌握双打技术,了解乒乓球裁判法主要内容。

2.教学设计

(1)教学目标:通过本节课专业教学内容,希望大学生掌握双打技术,了解乒乓球裁判法主要内容;树立公平正义、诚实守信的价值观和遵守规则的意识。

(2)课程思政融入方法:综合运用讲解法、感悟式、渗透式教学方法,通过讲解教学内容、融入故事案例,引领学生感悟其中道理,实现价值引领与知识传授、能力培养相融合。

(3)课程思政教学实施过程:在进行乒乓球裁判法讲述时,融入波尔乒乓传奇"公正让我别无选择"案例,在波尔面对整场比赛关键球时,由于裁判误判擦边球获胜的情况下,主动示意这个球应该是刘国正得分。哪怕最后输掉了比赛,只因为比赛就是这样的,公平竞争,必须这么做,公正让他别无选择,引出我们的思政育人主题,比赛的输赢不是第一位的,最重要的是要做一个公正、诚实的人,引导学生树立公平正义、诚实守信的价值观和遵守规则的意识,让学生既能提高运动技能水平,又能在运动训练教学中受到思政教育,使知识传授与价值引领相得益彰。

3.教学效果

在学生们掌握双打技术,了解乒乓球裁判法,完成教学目标的同时,在知识、能力、思想认识上有了提高,为学生树立公平正义、诚实守信的价值观和遵守规则的意识。

4.教学反思

采用观看比赛视频的方式向大学生传播诚信精神,同时组织大学生进行现场比赛强化规则意识。

(作者:阴甜甜)

案例 3　国乒称霸国际乒坛秘诀之创新意识

一、素材介绍

(一)案例素材名称

国乒称霸国际乒坛秘诀之创新意识。

(二)素材内容简介

通过百年乒乓球比赛数据分析,得出平均每一项创新可以为一个国家获得 0.49 块金牌,让学生理解不断创新是我国乒乓球长盛不衰的秘诀。

创新是中国乒乓球队一曲主旋律,中国男乒在 2019 年 1 月的"直通吉隆坡世乒赛"选拔赛中采用的九局五胜制是其巅峰之作。在主教练刘国梁的主导下,球队采用的赛制从让分制到一局比赛只打开头和结尾,再到最新的九局赛制。规则变革下蕴含的是中国乒乓球队从实际出发不断锐意进取的决心和勇气:让分是为了让比赛双方的实力更为平均,只打开头和结尾可以帮助队员更快进入状态并坚持到底,而九局制则体现了"大球"时代高强度大运动量的实战状况。

中国乒乓球队的其中一个创新是在球台上打蜡。其实这种手段在 2008 年北京奥运会前的厦门热身赛中就曾经使用过,为了尽量模拟新球台摩擦力小、光滑的特质,国乒在吉隆坡世乒赛备战中又使用这一手段,这种方法还曾用于解决刘诗雯发球易于出台的问题。在创新方面,国乒真的可以说是"无所不用其极"了。国乒所有创新手段和方式无一不是从实际出发,尽可能地给队员施加压力和难度,让他们在平时就经受最严格的淬炼!

再比如说技术创新,自从卡塔尔公开赛之后,伊藤美诚对国乒的威胁绝对不是口头上说的那样简单,而是实实在在的威胁。特别是目前伊藤美诚的发球,连国乒的男选手都接不住,这种发球直接得分的战术,确实非常实用。国乒教练痛定思痛,开始了自我反思。伊藤美诚发球的各种招式,一板一眼,具有很强的迷惑性,而反观国乒的发球都是按部就班。因此,从发球开始我们就处于劣势,伊藤美诚不跟国乒选手玩相持,国乒选手再多的实力也没处使。伊藤美诚的发接发,前三板快攻战术目前已经自成体系,而且伊藤美诚的发球还在升级当中。伊藤美诚不是拼实力,拼旋转,而是快中带变,打对手措手不及。以彼之道,还施彼身。国乒队员也改革了发球方式,陈梦最新的反手发球是一种削中带旋转的发球,这种发球的效果不亚于伊藤美诚略带欺骗性的遮挡性发球。陈梦的这种反手球并不是遮挡,而是发过去之后的落点变化非常的飘忽不定,使得对手不好判断,同样能起到迷惑对手的作用。

二、思政育人

(一)思政育人主题

引导学生在工作、做学问上都要与时俱进、大胆实践、大胆创新,唯有创新才有生命力。

(二)思政主题释义

通过国乒创新训练方式以解决队员的问题,创新发球技术以压制对手引出创新的重要性,引导学生理解唯有创新才有生命力。

三、素材应用

(一)素材媒体形式

本素材以视频、文档方式呈现。

(二)素材应用建议

本素材可以应用于学校开设的三航类课程教学过程中,通过引入素材,让学生理解创新对于自身的重要性,从而促进其在学习生活中的创新。

(三)引用及版权说明

此教学素材案例为笔者撰写,素材中有相关文献资料来源均无知识产权异议纠纷。此案例可用于体育课题教学。

(四)素材应用示例

1. 案例可应用于大学体育与健康类乒乓球专项课程学习

教学内容:掌握反手发侧旋球、接发球技术。

2. 教学设计

(1)教学目标:通过本节课专业教学内容,希望学生们掌握反手发侧旋球、接发球技术;理解实践、创新的重要性。

(2)课程思政融入方法:综合运用语言形式获得间接经验、直观形式演练获得直接经验、理论与体验相结合、讲授与训练相结合的教学方法,实现价值引领与知识传授、能力培养相融合。

(3)课程思政教学实施过程:在进行反手发侧旋球技术讲解时,介绍国乒为了对抗伊藤美诚改革创新反手发球,从而引出"国乒在训练方式、打法技术上的创新,成为称霸世界乒坛的秘诀"案例,国乒针对不同的问题与其他因素,创新发球以压制对手,解决问题,引出我们的思政育人主题——在工作、做学问上都要与时俱进、大胆实践、大胆创新,唯有创新才有生命力,使得知识传授与价值引领相得益彰。

3. 教学效果

在学生们学习反手发侧旋球与接发球技术,完成教学目标的同时,在知识、能力、思想认识上有了提高,引出创新的重要性,引导学生理解唯有创新才有生命力,让学生既能提高运动技能水平,又能在运动训练教学中受到思政教育。

4. 教学反思

通过更直观、有体验的形式让学生们了解案例能够有效提高课程思政教学效果。

(作者:阴甜甜)

案例 4　团结奉献，铸就伟大国乒

一、素材介绍

(一)案例素材名称

团结奉献，铸就伟大国乒。

(二)素材内容简介

众所周知 2020 年新冠疫情爆发，中国乒协工作人员、国家队教练员和运动员始终一起面对各种困难与挑战。中国乒协工作人员在充满困难与挑战的一年，各个部门任劳任怨，团结协作，始终在保持高强度运作，为队伍的训练、赛事重启以及青少年与业余、职业赛事保驾护航。教练员和运动员，克服困难，坚守在训练和比赛一线。长时间封闭集训，100 多名队员不能回家与家人团聚。所有人都在舍"小家"为"大家"。在这一年里他们彼此照顾，彼此帮助，正是这样团结的集体，才铸就了这么伟大的中国乒乓球队。他们继续秉承团结向前的决心，为东京奥运会这个终极目标不懈努力。

组织学生观看东京奥运会乒乓球赛事精彩锦集，体会运动员在场上的奋力拼搏，场下教练员、运动员为他们加油呐喊，齐心协力，攻克困难，让学生达到情感认同、思想认同。

通过这个案例，让大学生深刻体会关键时刻，个人利益服从集体利益，识大体、顾大局，树立正确价值观。感悟团队的力量永远大于个人的力量，强化学生团结协作的观念。同时关注赛场背后默默奉献的工作人员、陪练选手，他们的奉献与支持成就了国乒的成绩，他们的奉献精神也值得学习。

二、思政育人

(一)思政育人主题

融合"更快、更高、更强、更团结"的奥运精神，强化大学生在生活工作时团结协作的观念和奉献精神。

(二)思政主题释义

东京奥运会期间,幕后人员默默奉献,队员与教练们彼此帮助,秉承着团结向前的决心,为东京奥运会这个终极目标不懈努力。运动员在赛场上的奋力拼搏,赛场下队友为他们加油呐喊,齐心协力,攻克困难,体现出国乒团结协作的良好意识。

三、素材应用

(一)素材媒体形式

本素材以视频、文档形式呈现。

(二)素材应用建议

本素材可以应用于学校开设的各项集体合作类体育课程,例如排球课、足球课、橄榄球课等,通过引入案例使学生了解到团结的重要性,从而促进其集体意识以及集体荣誉感提升。

(三)引用及版权说明

此教学素材案例为笔者撰写,素材中有相关文献资料来源均无知识产权异议纠纷。此案例可用于体育课题教学。

(四)素材应用示例

1.案例可应用于大学体育与健康类乒乓球专项课程学习

教学内容:观看乒乓球精彩比赛集锦,进行比赛分析。

2.教学设计

(1)教学目标:通过本节课专业教学内容,带领大学生观看乒乓球精彩比赛集锦,进行比赛分析;融合"更快、更高、更强、更团结"的奥运精神,强化大学生在生活工作时团结协作的观念;学习奉献精神。

(2)课程思政融入方法:直观形式演练获得直接经验、理论与体验相结合、感悟式、渗透式的教学方法,达到情感认同、思想认同,实现价值引领与知识传授、能力培养相融合。

(3)课程思政教学实施过程:在教学过程中,通过观看国乒比赛集锦,展示"团结铸就伟大"的国乒精神。新冠疫情期间,国乒团队展现出非凡凝聚力与牺牲精神,成员间彼此关怀,幕后工作者默默奉献,共同为东京奥运会目标奋斗。赛场上,运动员奋力拼搏;赛场下,队友加油呐喊,形成无形力量。引出思政育人主题:关键时刻,个人利益应服从集体利益。此理念是对国乒精神的提炼,也是生活工作中应秉持的原则。它强调团结协作与无私奉献的重要性。期望通过学习,强化大学生团队协作意识,培养以大局为重、勇于担当、甘于奉献的品质。

3.教学效果

在学生们进行理论学习,完成教学目标的同时,在知识、能力、思想认识上有了提高,学生们加强了对团结协作、无私奉献精神的理解,让学生既能提高运动技能水平,又能在运动训练教学中受到思政教育。

4.教学反思

通过组队的形式举行比赛,让学生们更深入了解案例能够有效提高课程思政教学效果。

(作者:阴甜甜)

第六章 羽毛球课程思政案例

案例 1 竞赛规则下的团结与协作

一、素材介绍

(一)案例素材名称

竞赛规则下的团结与协作。

(二)素材内容简介

本案例是在竞赛规则的指导下,将团结、协作、拼搏等思政元素,以竞赛的方式融入到羽毛球教学比赛中,培养大学生团结、协作、拼搏等精神品质,感受规则的重要性,体现规则意识的重要性,充分认识到小到团体,大到社会,社会行为规则无处不在,在规则的约束下享受羽毛球课堂的乐趣。

本案例将以团队的形式进行参赛,以接力的形式进行比赛,单个击球动作作为比赛内容,并简单以成功击球数量为胜负参数。每胜 1 场计 2 分,输一场计 1 分。积分多者名次靠前。积分相等时,以积分相等队伍之间的胜负关系,胜队靠前。如胜负关系无法判断名次,则净胜球多者名次靠前,如仍无法判断,则名次并列。

二、思政育人

(一)思政育人主题

团结协作,规则意识。

(二)思政主题释义

团结是由多种情感聚集在一起而产生的一种精神。团结是相互配合,真正的团结就是无条件的配合。团结是成功的基石,没有团结就不会有理所当然的成功。如果一个团队没有团结的精神,那么这个团队就不能称之为团队,只是志同道合而已,团结并不只存在于志同道合中,而是更重视协作。

协作是指在目标实施过程中,部门与部门之间、个人与个人之间的协调与配合。个体之间必须通过协作把个人的力量联结成集体的力量,以实现生产活动的预期目的。劳动者彼此配合进行同一生产、作业、工程的协作,有简单协作和复杂协作两种基本方式。

竞赛规则保证所有参赛者在平等条件下进行竞争,确保比赛结果的公正性和真实性。增强学生的规则意识、培养学生的体育精神,如尊重对手、尊重裁判和比赛规则等。有助于学生形成正确的价值观和道德观。

三、素材应用

(一)素材媒体形式

本案例以文档和图片的形式展现。

(二)素材应用建议

本案例中的分组是案例实施效果的重要保障,有两个必要的建议:

(1)教学分组采用固定分组的形式,即分组后,在某一个击球技术教学阶段,组成员保持不变。

(2)分组实力均衡原则。在实力均衡条件下,竞赛才能展现出精彩性、对抗性和结果不可预测性。

(三)引用及版权说明

本案例来源于课堂教学,无知识产权异议和纠纷。

(四)素材应用示例

1.案例可应用于大学体育与健康类羽毛球专项课程学习

教学内容:羽毛球正手击高远球技术(复习课)。

2.教学设计

(1)教学目标:

认知目标:通过羽毛球课堂教学树立学生规则意识;较熟练掌握羽毛球击高远球技术,发扬大学生团结、协作的精神品质。

技能目标:通过学、练、赛,90%的学生基本掌握羽毛球高远球技术,10%的学生初步掌握羽毛球高远球技术。

身体目标:通过身体素质和动作技术练习,提高学生心肺功能、速度素质、弹跳力等身体素质。

(2)课程思政融入方法:以团队竞赛的形式,按照循环接力的组织方式,连续完成击打高远球技术,并以团队积分作为团队排名依据进行适宜奖励。获取好的成绩,既需要在既定的规则下进行比赛,还需要团队成员之间的协作,体现出较好的团队精神。这一过程,既能有效提高基本技术,又能培养团结协作的精神品质。

(3)课程思政教学实施过程:通过竞赛的形式,可以提高学生在练习过程中的专注力,大大提高了练习的效果。以团队形式进行组织,把团结协作的精神品质的培养赋予到团队完成竞赛任务中去,既可以大大提高教学的吸引力、促进知识的传授,也能使正确的价值观引领整个教学过程。

3.教学效果

通过本案例的实践,学生参与教学的积极性明显提高,课堂气氛明显活跃,大学生的团队精神明显改善。技术教学效果明显提升。

4.教学反思

可以在比赛的内容和形式上进一步提升。在比赛内容上可以进一步丰富,如多种技术混合比赛。组织形式上,可以跨教学班进行比赛。

(作者:牛清梅)

案例 2 拼搏、挑战、友谊:"林李大战"精神

一、素材介绍

(一)案例素材名称

拼搏、挑战、友谊:"林李大战"精神。

(二)素材内容简介

2018 年 3 月 17 日,在全英羽毛球公开赛的四分之一决赛中上演了林丹对阵李宗伟的经典对决"林李大战",这场比赛吸引了全球羽毛球爱好者的目光,因为林丹和李宗伟被认为是羽毛球界两位最伟大的传奇选手之一,他们的比赛被称为"林李大战"。

林丹和李宗伟之间的对决历史长久而激烈,两人之间的比赛总是备受关注。在这次的比赛中,林丹最终战胜了李宗伟。这场精彩的对决展现了两位羽毛球巨星的顶尖水平和竞技精神,成为羽毛球史上一次难忘的经典比赛。

"林李大战"终成佳话,这昭示着,竞技体育精神是体育运动的灵魂和核心,是推动体育事业发展和促进国际友谊的力量源泉。运动员在比赛中坚守竞技体育精神,不断提升自我,展现出团结协作、拼搏奋斗、公平竞争、尊重对手等品质,将体育精神传播和发扬光大。通过竞技体育精神的践行,让人们感受体育运动的魅力和意义,促进体育文化的传承和发展。

二、思政育人

(一)思政育人主题

拼搏精神,挑战精神,友谊精神。

(二)思政主题释义

"林李大战"是羽毛球历史上最经典的对决之一,它不仅展现了高超的球技,更体现了拼搏精神、挑战精神和友谊精神。

拼搏精神：林丹和李宗伟都拥有着不屈不挠的意志和对胜利的渴望，即使在劣势的情况下也绝不放弃。这种拼搏精神激励着每一位观众，也体现了运动员对体育事业的热爱和追求。他们在比赛中展现出的拼搏意志和不屈精神，激励着观众和其他运动员，让人们看到拼搏精神的力量和价值。

挑战精神：林丹和李宗伟之间的对决本身就是一种挑战。作为羽毛球界的两大巨星，他们的对决不仅是技术和体能的较量，更是意志和心态的挑战。他们在场上展现出的技术和战术的多样性，以及在比赛中的应变能力和反应速度，都体现了对于挑战的迎接和超越。

友谊精神：他们在场上是竞争对手，拼尽全力，比赛结束后，他们互相表达对对方的敬重和祝福。在平时的交流中，他们也常常互相鼓励、支持和尊重。这种友谊精神超越了竞赛本身，体现了运动员们高尚的品格和价值观。

"林李大战"体现了拼搏、挑战和友谊的精神，激励着人们追求卓越、超越自我。这种体育精神不仅体现在运动员的比赛中，也深深影响着观众和社会大众，传递着正能量和积极精神。李宗伟与林丹网前握手致意如图6-1所示。

图6-1　李宗伟与林丹网前握手致意

三、素材应用

(一)素材媒体形式

本案例以视频、文档和图片的形式展现。

(二)素材应用建议

在高校体育思政教学中,可以通过"林李大战"这样的体育经典案例,引导大学生学习体育精神,促进学生的个人成长和道德素养的提升。

通过这样设计的教学过程,可以让学生深入了解体育精神的内涵和重要性,培养学生的积极态度和道德品质,在实践中感受体育精神的力量,为学生未来的成长和发展奠定坚实的基础。

(三)引用及版权说明

所选案例是 2018 年 3 月 17 日全英羽毛球公开赛的四分之一决赛,属于公开资源,无知识产权异议和纠纷。

(四)素材应用示例

1.案例可应用于大学体育与健康类羽毛球专项课程学习

教学内容:本课程通过线上观看林丹与李宗伟经典比赛视频,让学生深入理解顶尖选手的技术和战术,感受竞技体育精神的魅力。线下实践部分则涵盖羽毛球的基本技术教学与战术演练,结合经典场面进行模拟训练与比赛,提升学生的竞技水平和比赛意识。同时,课程将竞技体育精神融入思政教育,培养学生拼搏奋斗、尊重对手和公平竞争的品质,增强体育精神理解与认同,并激发爱国主义情怀,拓展国际视野。

2.教学设计

(1)教学目标:核心目标:强调通过体育课程教学,培养学生的合作精神、团队意识和身心健康;具体目标:强调促进学生的身体素质和运动技能的提升,培养学生的毅力和意志品质,引导学生正确看待竞争与合作关系。

(2)课程思政融入方法:以"林李大战"经典比赛为案例,引导学生探讨竞争与合作的关系,激发学生的团队意识。通过体育运动训练和比赛,培养学生的毅力、自律和拼搏精神。组织学生进行团队合作训练和比赛,培养学生的合作精神和团队意识。

（3）课程思政教学实施过程：导入环节：介绍"林李大战"的背景和重要性，引起学生的兴趣和好奇心；技能训练环节：进行相关体育运动的技能训练，提升学生的运动水平和身体素质；比赛模拟环节：组织学生进行模拟比赛，培养学生的竞技意识和应变能力。

3.教学效果

在授课过程中，将本案例融入课堂教学内容，有利于学生的身心素质得到提升，学生从合作训练和比赛中培养了团队精神和合作意识。学生在训练感觉苦、累的时候，把永不言败、敢于拼搏的精神作为训练的动力，通过"林李大战"案例，学生正确面对竞争，培养竞技意识和应变能力。

4.教学反思

"林李大战"作为经典的体育比赛案例，可以引导学生回顾这场比赛的背景、过程和结果，让他们思考比赛背后所体现的竞争与合作精神。通过讨论案例中人物的才华和毅力品质，引导学生思考成功背后的努力和坚持，启发他们培养良好的意志品质和拼搏精神。通过这样的教学实践，学生将能够从体育比赛中汲取丰厚的思想营养，提升自身的道德情操和综合素养。

（作者：李勇杰）

案例 3　弘扬坐式排球，诠释拼搏精神

一、素材介绍

（一）案例素材名称

弘扬坐式排球，诠释拼搏精神。

（二）素材内容简介

2021 年 10 月 22 日，全国第十一届残运会暨第八届特奥会——"中国工商银行杯"坐式排球比赛在西北工业大学翱翔体育馆精彩开赛。

这是一群特殊的运动员,他们秉承"平等、参与、共享、融合"的体育理念,弘扬顽强拼搏、奋勇争先的残疾人体育精神,彰显自强自立、乐观向上的残疾人精神。

他们通过在赛场上顽强拼搏来超越身体缺陷,挑战自我、突破极限,用实际行动去诠释"更快、更高、更强、更团结"的奥林匹克精神。我们可以看到,纵然身有残疾,但是他们仍在赛场上全力拼搏、挥洒汗水、活力四射;我们也可以听到,他们取得的每一项成绩的背后,都付出了异于常人数倍、难以想象的努力;我们还可以感受到,他们展现了"纵有疾风起,人生不言弃"的顽强意志和拼搏精神。

二、思政育人

(一)思政育人主题

集体主义、永不放弃、团结协作。

(二)思政主题释义

集体主义:坐式排球项目是一项集体性项目,需要场上运动员团结一致、相互合作,才能完成的比赛。对于这些身有残疾的运动员来讲,完成一个有组织的进攻是多么困难的事情,要获得一个漂亮的进攻更是难度倍增。

永不放弃:坐式排球比赛的每一个防守,需要运动员的高度专注,更需要运动员之间的团结(防守无空白区)协作(相互保护)。每一次永不言弃的救球,可能就能换取一次精彩的得分,为我们诠释着"球不落地、永不放弃"的精神品质。

团结协作:比赛总有输赢和困境,面对困境需要强大的凝聚力和团结精神,这是摆脱困境的必要条件,也是在困境中逆转获得喜悦的精神支持。

综上所述:通过观看全国第十一届残运会暨第八届特奥会——"中国工商银行杯"坐式排球比赛,从体育角度理解团结协作、奋力拼搏的重要性,达到"以体育人"目的。坐式排球比赛如图6-2所示。

图 6-2　坐式排球比赛

三、素材应用

(一)素材媒体形式

本案例以视频、文档和图片的形式展现。

(二)素材应用建议

本教学素材通过观看残运会、特奥会坐式排球比赛,将运动员们的体育精神融入到体育课程教学之中。教育广大学生发扬团结协作、永不言败和顽强拼搏的体育精神。同时启发学生将其精神应用于羽毛球技战术的学习之中。

本素材可以运用到日常羽毛球课程教学及阳光组普通生羽毛球队训练。在运用时,主要是引导学生在课程学习过程中学会相互协作、共同努力的品质,尽快掌握所学内容,例:羽毛球教学中击高远球。如果有学生总是不能按照老师要求(非能力、缺少团结协作精神)将每个球都击打到对方后场,使同伴无法获得击打高远球的机会,这样的练习效果就会大打折扣。在训练中,当运动员非常疲劳的时候就需要教练员给运动员加油鼓劲,使得他们发挥勇于拼搏、永不言败的精神。

(三)引用及版权说明

所选案例是现场观看全国第十一届残运会暨第八届特奥会——"中国工商银行杯"坐式排球比赛,属于公开资源,无知识产权异议和纠纷。

(四)素材应用示例

1.案例可应用于大学体育与健康类羽毛球专项课程学习

教学内容:羽毛球等各项体育课程教学均可使用此案例,尤其是团体项目或者是需要配合完成的项目更适合此案例。

2.教学设计

(1)教学目标:在完成正常的教学大纲和教学计划的前提下,重在培养学生集体荣誉感,发挥团队作战的能力,培养相互协作、相互帮助、团结友爱、共同努力、共同进步的集体主义荣誉感。

(2)课程思政融入方法:在课程讲解前,可以先提问学生观看本届残运会、特奥会——"中国工商银行杯"坐式排球赛的观赛感想,通过学生深层次思考,达到启发学生深刻理解团结协作、顽强拼搏、永不言败的体育精神,再进一步理解为什么要学习该课程中相互合作、相互配合、共同进步的理由。只有相互协作,才能尽快掌握技术、才能共同提高。单兵作战是很难达到学习效果的。

(3)课程思政教学实施过程:在技术讲解结束后进行配合练习时,可以将此内容应用到实际的教学和实践过程中去。如前例:在羽毛球教学中,一个学生发高远球,另一个学生击打高远球。这就需要两个人的配合,如果发球方将球发不到位,或者发球前后左右偏差比较大,这就给击球方回球造成很大困难,甚至打不上球,故要求相互合作。当相互配合能完成教学任务时,随后就需要学生进一步提高羽毛球技能水平。

3.教学效果

在授课过程中将本案例融入教学内容后,学生在训练感觉苦、累的时候,就能把永不言败、敢于拼搏的精神作为训练的动力,这种精神对学生的学习和运动员的训练会起到非常大的帮助,更有助于教学任务的顺利完成。

4.教学反思

随着课程思政融入到教学当中,学生能够将相互配合、相互协作、共同进步、顽强拼搏的精神进一步发扬光大。学生能够自觉通过体育活动改善心理状态,养成积极乐观的生活习惯,运用适宜的方法调节自己的情绪,在体育运动中体验运动的乐趣和获得成功的喜悦,克服各种困难。

(作者:李勇杰)

案例 4　动人瞬间:奥林匹克精神的体现

一、素材介绍

(一)案例素材名称

动人瞬间:奥林匹克精神的体现。

(二)素材内容简介

奥林匹克精神——"相互理解、友谊、团结和公平竞争"。现代奥林匹克运动的发起人顾拜旦说过:"奥运会最重要的不是胜利,而是参与;生活的本质不是索取,而是奋斗;但最本质的事情并不是征服,而是奋力拼搏。"竞争是奥林匹克运动的基本形式,也是推动人类社会进步的基本形式之一。公正原则使奥林匹克精神具有了极大魅力,友谊原则是奥林匹克运动的目的,奋斗原则是奥林匹克精神的灵魂。

2021 年 8 月 2 日,在东京奥运会羽毛球男子单打决赛中,中国选手谌龙不敌丹麦选手安赛龙获得银牌。

本场比赛首局,谌龙一度领先。双方激烈争夺,随后安赛龙发起猛烈进攻,11∶9 反超进入间歇。继续比赛后谌龙一度追近比分,但安赛龙几次扣杀得手,将比分扩大到 17∶12。谌龙拼搏到底,但仍以 15∶21 输掉第一局。第二局开赛,安赛龙开场就压制谌龙的进攻,状态在线,领先比分。谌龙顽强追击,把比分接近追平。安赛龙加快节奏,以 11∶7 领先。

随后谌龙体能有所下降,失误增多,安赛龙连续得分,将分差拉大。谌龙没有放弃,全力追赶,但以 12∶21 再失一局。最终,谌龙以 0∶2 夺得银牌。比赛结束后,安赛龙激动流泪,谌龙也露出真诚的笑容,两人互相交换球衣。谌龙没能夺金虽略为遗憾,但对这位连续三届奥运会都登上领奖台的老将来说,已经写就了一段传奇!

强大又可敬的对手,是超越竞技的真情,是奥林匹克精神的映照。中国球迷在社交网络上也为丹麦选手安赛龙送上了真诚祝福:"这么多年来,你是中国最好的对手,也是中国最好的朋友!"充分彰显了奥林匹克精神,是友谊、竞争、拼搏的完美诠释。安赛龙与谌龙赛后交换球衣如图 6-3 所示。

图 6-3 安赛龙与谌龙赛后交换球衣

二、思政育人

(一)思政育人主题

相互理解、友谊、团结和公平竞争。

(二)思政主题释义

友谊的瞬间,传递着奥林匹克精神最打动人的意义,超越着奖牌的质地和颜色,诠释了奥林匹克精神最本真的模样——那就是在公平竞争的基础上,追求更高、更快、更强。让奥林匹克精神跨越国界,成为全人类共同的财富。奥林匹克精神,不仅见证了速度的较量,更记录了友谊的温暖,它超越了胜负,架起运动员心灵沟通的天堑通途。

三、素材应用

(一)素材媒体形式

本案例以视频、文档和图片的形式展现。

(二)素材应用建议

本教学素材通过观看比赛视频,将奥林匹克精神融入到体育课程教学之中。帮助大学生更好的感悟、了解奥林匹克精神的多元性。同时启发学生在练习羽毛球技战术时应具备团结协作、顽强意志品质和拼搏精神。

(三)引用及版权说明

所选案例是课堂观看比赛视频,属于公开资源,无知识产权异议和纠纷。

(四)素材应用示例

1.案例可应用于大学体育及健康类羽毛球专项课程的学习

教学内容:课前通过观看比赛视频使学生全面了解奥林匹克精神,实践教学包括羽毛球技战术的多次反复练习以及模拟比赛,使学生真切体会到吃苦耐劳、拼搏以及比赛友谊的体现,真实感受到奥林匹克精神的存在。

2.教学设计

(1)教学目标:

技能目标:通过学习和练习,掌握羽毛球基本技能,熟悉羽毛球比赛规则。增强身体素质,养成终身锻炼的习惯。

认知目标:加强学生在课堂上的吃苦耐劳、拼搏以及公平竞争、友谊第一、尊重对手的精神情怀。

身体目标:通过身体素质和动作技术练习,锻炼学生心肺功能、反应速度、爆发力、弹跳力等身体素质。

(2)课程思政融入方法:在课程讲解前和学生交流体育课程的重要性及特性。通过图片、视频引出奥林匹克精神,使学生了解它的多元性。最后通过课堂练习、比赛的参与使学生真切感受自己也身处奥林匹克精神之中,培养学生吃苦耐劳、勇于拼搏、公平竞争、尊重对手的精神。

(3)课程思政教学实施过程:通过线下线上翻转课堂进行授课,课前通过班群预习,观看视频、图片等资料,事前充分了解。课堂讲解奥林匹克精神的含义,结合中国选手与丹麦选手的比赛事例,使学生充分感受到奥林匹克精神的存在,公平竞争、相互理解、勇于拼搏、尊重对手。使学生在课堂及枯燥练习的过程中,通过奥林匹克精神的激励,养成坚持的习惯,受益终生。

3.教学效果

通过本案例的课堂授课,在授课练习过程中,主动性增强,课堂氛围显著提高,教学比赛多了公平竞争、友谊第一、比赛第二的精神激励,教学效果显著。比如即使练习苦、累,大部分学生将敢于拼搏的精神作为练习的内动力,有助于教学任务的顺利完成。

4.教学反思

通过课前观看比赛虽可让学生深切体会到奥林匹克精神存在于我们每一个人身边,也能促使教学效果的提升。但课前自觉观看,可能还存在部分同学应付不看或不仔细看。如果在羽毛球授课场地安装多媒体授课设备,可以在练习的过程中观看比赛案例,效果会更加明显。

(作者:牛清梅)

第七章 网球课程思政案例

案例 1 不经历风雨，怎能见彩虹

一、素材介绍

(一)案例素材名称

不经历风雨,怎能见彩虹。

(二)素材内容简介

费德勒是网坛的一个传奇,他的成功无法复制。

和费德勒合作了 17 年的体能教练帕格尼尼从他的视角向媒体揭露了费德勒成功的秘诀:成功没有捷径,费德勒比谁都练的更狠!

17 年来,费德勒从来没有一天偷过懒,他有时候已经很累了,但还是会选择继续训练。费德勒有顶级的天赋,以及巨大的训练量,这造就了他的与众不同。帕格尼尼和费德勒已经合作了 17 年了,彼此之间的合作非常默契,"他一直教促我在训练中发展出新颖的方式,以刺激他坚持下去。"这就是费德勒的成功方式,没有任何的捷径,有的只是无尽的坚持和数不尽的汗水。

二、思政育人

(一)思政育人主题

坚持不懈,吃苦耐劳,全力以赴。

(二)思政主题释义

坚持不懈与吃苦耐劳:费德勒的成功与他坚持不懈、吃苦耐劳的优良品质有关。费德勒 1998 年正式转入职业网坛,帕格尼尼 2000 年开始与他合作。费德勒在即将 36 岁的高龄打出了生涯第三个巅峰,这出乎了所有人的预料。帕格尼尼说,"在赛季开始的时候复出是个不错的选择,至少和其他人站在了同一起跑线上,而且还比别人多休息了 6 个月。但是在休息的时候,罗杰也从未间断过体能训练,甚至比他打球的时候练的更多。"

全力以赴:费德勒如此努力,以至于帕格尼尼都不得不劝他"我们有的是时间,没必要把自己练这么累",但是费德勒全然不顾,在确保不受伤的前提下,他每次都要耗尽最后一丝力气。正是带着这样的坚持,费德勒在一次澳网半决赛和决赛时才能连续顶住两场 5 盘大战,他的对手瓦林卡和纳达尔都比他年轻,而且纳达尔向来以体能著称。是什么支撑着一个老将,打了那么多年职业网球、集齐了前无古人荣誉的伟大球员继续打下去?"是激情。"费德勒将网球当作吃饭睡觉那样平常,感受网球的乐趣。

三、素材应用

(一)素材媒体形式

本案例主要以文档呈现。

(二)素材应用建议

本素材可以应用于"网球精神"题材、体育发展、网球专项课程教学内容。

(三)引用及版权说明

此教学素材案例为笔者撰写,素材中有相关文献资料来源均无知识产权异议纠纷。此案例可用于体育课题教学。

(四)素材应用示例

1. 案例可应用于大学体育与健康类网球专项课程学习

教学内容:通过将网球的技术动作,主要包括移动、上手发球、对拉、截击等长时间的重复练习,让学生们在课堂学习中深入体会在锲而不舍的努力中提高自己。

2.教学设计

(1)教学目标:通过学习费德勒的"坚持不懈、吃苦耐劳、全力以赴"精神,进一步加深学生的思考,增长见识、丰富学识、塑造品格,推动立德树人发展,延申课程思政体系的价值目标。

(2)课程思政融入方法:根据网球专业课程与教学案例相结合,通过向学生介绍典范人物费德勒,将人物品质、精神特性中所体现的坚持不懈、吃苦耐劳、全力以赴与思政课程内容的文化素养、思想建设、核心价值观有机结合,实现价值引领与知识传授、能力培养相融合。

(3)课程思政教学实施过程:通过案例培养学生在学习生活中勇攀高峰、拼尽全力、团结互助的信念。课程实践与案例教学目的相结合,通过费德勒的人物影响力引领学生向榜样看齐,进一步激发学生学习兴趣,引导学生深入思考。

3.教学效果

紧密联系高校"教书育人"的根本任务,学生通过案例学习,锻炼吃苦耐劳、坚持不懈、勇于创新的精神,提高自我学习的能力,拥有强健的体魄和在工作中担当作为。

4.教学反思

今后的教学中,坚持教师和学生交流,结合网球课程思政教学案例,充分发挥教师的体育精神,通过亲身示范和言行感染,使学生养成锻炼身体的习惯。

(作者:丛日旻)

案例2　成功离不开乐观与坚韧

一、素材介绍

(一)案例素材名称

成功离不开乐观与坚韧。

(二)素材内容简介

1993年,一个偶然的机会,诺瓦克·德约科维奇跟随前南斯拉夫最优秀的网球教练之———伊莲娜·戈西奇开启了网球生涯。伊莲娜·戈西奇在科帕奥尼克山有一个只有三块场地的网球训练场,此后的六年,诺瓦克·德约科维奇就跟着伊莲娜·戈西奇在这里打球。空袭警报几乎伴随了每一次训练,在科索沃战争爆发后尤甚。2014年诺瓦克·德约科维奇自传《一发制胜》上市,里面对战争的恐惧只是轻轻带过:"我们会去轰炸得最多的地方练球,猜测他们不会两天内轰炸同一个地方。"

李娜在8岁时开始了她的网球生涯。她开始体验一个人的生活,住在管理严格的体校里,每周只能回一次家,最初的时候总是孤独难熬,后来开始融入集体才渐渐感觉到适应和快乐起来。她开始体验到网球带来的快乐和痛感。在这个过程中网球已经成为了她生命里的一部分。她开始四处征战,经历法网与澳网,迎接大满贯,出征2008年的奥运会,为中国在奥运会上摘下一枚金牌,举国欢庆。

李娜说,如今,我从内心深处特别感谢年轻时候的李娜。因为我相信如果没有小时候的李娜像傻子一样坚持的话,肯定也不会有今天的李娜在这里成功。

二、思政育人

(一)思政育人主题

积极乐观,永不言弃,自强不息。

(二)思政主题释义

积极乐观与锲而不舍:世界一流网球运动员德约科维奇的成功之路充满艰辛。早年他的身体状态十分糟糕,医生检查说他可能体能储备不佳,临场压力过大。然而他的梦想不仅是成为一个顶级球员,他还想成为和费德勒纳达尔平起平坐的传奇。德约科维奇主动做了很多改变——他开始勤练举重,变得更加强壮;有时候会连续跑步好几个小时,来增强自己的体能;甚至还动了鼻腔手术,让呼吸更顺畅。

德约科维奇说:"如果说有一件事情是我从网球这个运动中学到的,那就是快速地从失败中振作起来,将不愉快的事情和情绪抛在脑后。"无论成功或失败,冠军或淘汰,用德约科维奇自己的话来说,明天都是新的一天,我会继续前进,继续为赢得每一场比赛而战,无论结果如何,都心存感激。

坚韧不拔与自强不息:作为中国第一位入选国际网球名人堂的中国人,李娜无疑是传奇。李娜小时候受父亲李盛鹏的影响,选择成为一名运动员。李娜走上打网球这条路的一开始,父亲就是她的动力。14岁那年,父亲患重病去世。那一刻,李娜的整个世界好像都崩塌了:"父亲走了以后,我感觉我真的过不下去了。"面对生活翻天覆地的变化,李娜选择收拾好行囊继续往前走。她更加刻苦地训练,她觉得,这是对父亲最好的怀念。1997年,15岁的李娜拿到了全国网球总决赛的冠军,并成为年龄最小的成人组全国单打冠军。1999年,她入选国家队,从此开启了一条崭新的道路。李娜是第一个进入红土赛决赛的中国选手,法网与澳网,她接连拿下了两个大满贯,这也是中国选手中最好的成绩。正是因为坚韧不拔、自强不息的精神贯穿职业生涯始终,让李娜从武汉中山公园追梦的少女,变身世界网球殿堂级的大师。

三、素材应用

(一)素材媒体形式

本案例主要以文档呈现。

(二)素材应用建议

本素材可以应用于"网球精神"题材、体育发展、网球初级课程教学内容。

(三)引用及版权说明

此教学素材案例为笔者撰写,素材中有相关文献资料来源均无知识产权异议纠纷。此案例可用于体育课题教学。

(四)素材应用示例

1. 案例可应用于大学体育与健康类网球专项课程学习

教学内容:通过将网球的技术动作,主要包括移动技术、发接球、正反手击球、抽球、截击球等长时间的重复练习,让同学们在课堂学习中深入体会在锲而不舍的努力中提高自己。

2. 教学设计

(1)教学目标:通过学习德约科维奇、李娜的"积极乐观、永不言弃、自强不息"精神,进一步加深学生的学习思考,增长见识、丰富学识、塑造品格,推动立德树人发展,延伸课程思政体系的价值目标。

(2)课程思政融入方法:根据网球专业课程与教学案例相结合,通过向学生介绍典范人物德约科维奇、李娜典范人物,将人物品质、精神特性中所体现的锲而不舍、刻苦努力、吃苦耐劳与思政课程内容的文化素养、思想建设、核心价值观有机结合,实现价值引领与知识传授、能力培养相融合。

(3)课程思政教学实施过程:通过案例培养学生在学习生活中顽强拼搏、不言放弃、奋斗有我的信念。课程实践与案例教学目的相结合,通过德约科维奇、李娜的人物影响力引领学生向榜样看齐,进一步激发学生学习兴趣,引导学生深入思考。

3. 教学效果

加强大学生"吃苦耐劳,艰苦奋斗"的理念教育。学生通过案例学习,锻炼吃苦耐劳、坚持不懈、勇于创新的精神,提高自我学习的能力,拥有敢为人先的激情。

4. 教学反思

今后的教学中,坚持"立德树人、以德立学、以德施教"的理念,结合网球课程思政教学案例,充分发挥教师的道德魅力与职业精神,通过亲身示范和言行感染,帮助学生树立崇高的人生理想。

(作者:丛日旻)

案例 3　永不言弃，方得始终

一、素材介绍

（一）案例素材名称

永不言弃，方得始终。

（二）素材内容简介

纳达尔是网球历史上最伟大的运动员之一，他的影响力超越了网球这个项目，不仅仅是骄人的成绩，他永不放弃的精神更是激励着观看比赛的每一个人。从技术上讲，他一名防御型底线型球员，利用强而有力的上旋球、快速移动的脚步、坚强的意志力，持续压迫对手，他出色的身体素质让他的上旋球更具威胁，在红土球场的表现格外优异。2020 年法网男单决赛中，纳达尔以 3∶0 战胜与德约科维奇获得冠军，追平了费德勒保持的20 次大满贯夺冠的记录，创造了网坛奇迹。这位魅力四射的巨星，给观众最深的印象就是"跑不死"，这种努力而不放弃的拼搏精神，让人肃然起敬，激励人心。而坚持和努力，正是每个成功者必备的品质。

女子网坛巨星小威廉姆斯作为现役夺得大满贯女单冠军次数最多的女球员，在世界网坛的成就更为传奇。

1999 年，击败辛吉斯捧起美网奖杯，拿到个人首个大满贯冠军。

2017 年澳网，小威廉姆斯怀孕 8 周在决赛中击败姐姐大威。2020 年奥克兰，赢下产后复出的第一个冠军。驰骋网坛二十多年，收获 23 个大满贯单打冠军、73 个单打冠军、319 周排名榜首……"因坚强而美丽"，这是国际女子网坛职业巡回赛 40 周年时的主题推广口号，小威廉姆斯可能是这句话最好的诠释者。

二、思政育人

（一）思政育人主题

锲而不舍，永不言弃，自强不息。

(二)思政主题释义

纳达尔的锲而不舍与永不言弃。纳达尔成功的秘诀在于对目标的不断追求,对自身的不断要求,对待每一场比赛的态度,他对细节近乎完美的要求。当对方发球局40∶0领先时,谁的破发成功率最高呢? Infosys 公司对2019赛季前7个月的世界排名前50球员的情况进行了统计,研究人员发现,在纳入统计范围的球员和比赛中,对方发球局40∶0领先的情况共出现了6 072次,只有84次被破发,破发成功率为1.38%(84/6 072),其中破发成功率最高的就是纳达尔。西班牙天王曾5次完成这一看似不可能完成的任务。他曾102次面临对方发球局40∶0领先的局面,最终纳达尔破发5次,破发成功率为4.90%,位列所有球员之首。在这项数据统计中,纳达尔的破发局数和破发成功率均位居榜首,这两个客观数据再次证明了纳达尔的意志力有多么顽强,他确确实实是每分必争、全力以赴。

小威廉姆斯的自强不息和永不言弃。小威廉姆斯的时代里,她个性的张扬,她被诟病的外貌和身材,她被嘲笑的时尚穿着,她被批评的男子式网球,她的火爆脾气,她对对手的"怒吼",她对裁判的"叫唤"……她用实力让很多嘲笑和批评闭嘴,她用胜利继续书写独属于威廉姆斯家族的传奇。在小威廉姆斯的职业生涯中,有太多太多冠军,在冠军的背后,是她那不屈的灵魂在鼓动她奋勇向前。

三、素材应用

(一)素材媒体形式

本案例主要以文档呈现。

(二)素材应用建议

本素材可以应用于"网球精神"题材、体育发展、网球初级课程教学内容。

(三)引用及版权说明

此教学素材案例为笔者撰写,素材中有相关文献资料来源均无知识产权异议纠纷。此案例可用于体育课题教学。

(四)素材应用示例

1.案例可应用于大学体育与健康类网球专项课程学习

教学内容:通过将网球的技术动作,主要包括移动技术、接发球、拉球、截击等长时间的重复练习,让同学们在课堂学习中深入体会在锲而不舍的努力中提高自己。

2.教学设计

(1)教学目标:通过学习纳达尔、小威廉姆斯"锲而不舍、永不言弃、自强不息"的精神,进一步加深学生的学习思考,增长见识、丰富学识、塑造品格,推动立德树人发展,延伸课程思政体系的价值目标。

(2)课程思政融入方法:根据网球专业课程与教学案例相结合,通过向学生介绍典范人物纳达尔、小威廉姆斯,将人物品质、精神特性中所体现的锲而不舍、刻苦努力、吃苦耐劳与思政课程内容的文化素养、思想建设、核心价值观有机结合,实现价值引领与知识传授、能力培养相融合。

(3)课程思政教学实施过程:通过案例培养学生在学习生活中顽强拼搏、不言放弃、奋斗有我的信念。课程实践与案例教学目的相结合,通过纳达尔、小威廉姆斯的人物影响力引领学生向榜样看齐,进一步激发学生学习兴趣,引导学生深入思考。

3.教学效果

紧密联系高校"立德树人、铸魂育人"的根本任务,学生通过案例学习,自身能够有吃苦耐劳、坚持不懈的精神,提高自我学习的能力、锲而不舍,永不言弃,自强不息。

4.教学反思

今后的教学中,坚持网球项目的特点,结合网球课程思政教学案例,充分发挥教师的道德魅力与职业精神,通过亲身示范和言行感染,帮助学生树立崇高的人生观和价值观。

(作者:丛日旻)

案例 4　成功的背后是流不尽的汗水

一、素材介绍

(一)案例素材名称

成功的背后是流不尽的汗水。

(二)素材内容简介

李娜曾说,奇迹不会在安逸中诞生,而是用汗水浇灌出来的。小时候的李娜总是打不赢比她大的同学,每次输球之后,就坐在球场边伤心地哭。对孩子特别严厉的夏溪瑶就朝李娜吼道:"哭有什么用,有志气就打败她们!"听到夏溪瑶的吼声,李娜擦去眼泪咬着牙训练,很快就把队里的其他队友打败了。2008 年北京奥运会结束后,李娜退出中国网球队。"对我来说,生活中最重要的事情就是干自己喜欢的事业。"李娜认为选择单飞后,她不但可以自己挑选教练,而且只需要将所得奖金的 8%～12%交给国家,而不再是过去的 65%。这意味着她要为自己的生计而奋斗,由以往的教练逼着训练,变成现在的自己主动训练。经过 20 多年的奋斗,李娜终于成为创造亚洲历史的国际体育明星。

叱咤网坛 10 多年的网球天王罗杰·费德勒小时候脾气不好,是个"熊孩子"。他输球之后总是会扔拍子。但有一次他弄坏了一个网球场的新的窗帘布,场馆负责人没有给他这位网球天才多少颜面,而是令他帮助清洁工清扫厕所和网球场,否则就将他的行为公之于众。他感到事情的严重性,不得不在一周里天天早起,认真地完成场馆负责人布置的任务,从此,他像换了一个人似的,一心投入到网球运动中去。经过刻苦的网球训练,他一生斩获 20 次大满贯男子单打冠军,并创造了 ATP 史上连续 237 周单打世界第一周数记录。

二、思政育人

(一)思政育人主题

锲而不舍,刻苦努力,吃苦耐劳。

(二)思政主题释义

李娜的锲而不舍与刻苦努力。李娜成功的秘诀在于对目标的不断追求,对自身的不断要求,对待每一场比赛的态度,她对细节近乎完美的要求。"奇迹不会在安逸中诞生,而是用汗水浇灌出来的"这是李娜的原话。李娜从小就受父亲影响,1988年开始练习羽毛球,1989年的时候,被网球教练夏溪瑶相中开始练网球。在夏溪瑶的教导下,李娜自小就在网球训练上非常刻苦。而在2009年1月,网管中心决定允许李娜单飞之后,李娜更加努力训练。这才让李娜完成了惊艳法网、圆梦澳网等壮举。

罗杰·费德勒的刻苦努力与顽强不息。小时候的费德勒脾气并不好,遇到让他烦心的事经常会撂挑子。但是之后的他认识到了自己的不足,努力地改正了自己的缺点,并更加刻苦地投入到网球训练之中。2001年夏天,瑞士网球小将费德勒在网球运动最古老最具声望的赛事——温布尔登网球公开赛中成功晋级第四轮,遇上了当时的网坛霸主,霹雳无敌大BOSS——七届温网冠军得主皮特·桑普拉斯。继承海贼王霸王式霸气的费德勒,五盘大战将桑普拉斯斩于马下。费德勒因此一战成名。这场被誉为更朝换代之战,让所有人都隐约感到,网球要迎来了新纪元。他如诗人一样展现了运动的美学,继承了网球的传统精神,开创了新的网球时代。费德勒就算登顶世界第一后依然谦逊有礼,每天疯狂训练几小时。世上比常人有天赋的人比常人还要勤奋百倍,这才造就了费德勒皇朝。

三、素材应用

(一)素材媒体形式

本案例主要以文档呈现。

(二)素材应用建议

本素材可以应用于"网球精神"题材、体育发展、网球初级课程教学内容。

(三)引用及版权说明

此教学素材案例为笔者撰写,素材中相关文献资料来源均无知识产权异议纠纷。此案例可用于体育课题教学。

(四)素材应用示例

1. 案例可应用于大学体育与健康类网球专项课程学习

教学内容:通过将网球的技术动作,主要包括移动技术、发接球、正反手击球、抽球、截击球等长时间的重复练习,让学生们在课堂学习中深入体会在锲而不舍的努力中提高自己。

2. 教学设计

(1)教学目标:通过学习李娜、费德勒的"锲而不舍、刻苦努力、吃苦耐劳"精神,进一步加深学生的思考,增长见识、丰富学识、塑造品格,推动立德树人发展,延伸课程思政体系的价值目标。

(2)课程思政融入方法:根据网球专业课程与教学案例相结合,通过向学生介绍典范人物李娜、费德勒,将人物品质、精神特性中所体现的锲而不舍、刻苦努力、吃苦耐劳与思政课程内容的文化素养、思想建设、核心价值观有机结合,实现价值引领与知识传授、能力培养相融合。

(3)课程思政教学实施过程:通过案例培养学生在学习生活中顽强拼搏、不言放弃、奋斗有我的信念。课程实践与案例教学目的相结合,通过李娜、费德勒的人物影响力引领学生向榜样看齐,进一步激发学生学习兴趣,引导学生深入思考。教学效果紧密联系高校"立德树人、铸魂育人"的根本任务,学生通过案例学习,锻炼吃苦耐劳、坚持不懈、勇于创新的精神,提高自我学习的能力、拥有敢为人先的激情。

3. 教学效果

使学生不断通过挫败感磨砺自己,砥砺前行,挑战自我,学生通过案例学习,自身能够有吃苦耐劳、坚持不懈的精神,提高自我学习的能力、勇于创新的精神、敢为人先的激情、担当作为的情怀。

4.教学反思

充分发挥教师的道德魅力与职业精神,通过以亲身示范和言行感染,帮助学生树立崇高的人生理想。体育课中建立了科学的课程体系,结合"总师育人文化"中的系统思想和整体观念,培养学生的全面发展和综合能力。

（作者:丛日旻）

下篇 非球类运动

第八章　武术课程思政案例

案例 1　毛泽东"健康第一"教育思想在中华武术教学中的体现

一、素材介绍

(一)案例素材名称

毛泽东"健康第一"教育思想在中华武术教学中的体现。

(二)素材内容简介

梳理我国的古代史可见,一个国家国民的体质强弱关乎国运,国民强健的体质是一个国家兴旺发达的基础。而在我国的传统教育中某些时期对于体育的轻视由来已久。针对解放前"国力荼弱,武风不振,民族之体质日趋轻细"的状况,毛泽东主席首倡健康第一的教育理念。这一理念来源于我国特有的历史,改革开放以来,演变发展为全面发展的素质教育内涵,又回归总结为"健康第一"教育理念。中华武术课程的设立与实施是实现"健康第一"教育理念的重要途径。

二、思政育人

(一)思政育人主题

"健康第一"教育理念。

(二)思政主题释义

1917 年,毛泽东公开发表的第一篇论著《体育之研究》中,对"健康第一"的体育思想就有了系统的阐释。

在文中的第二部分"体育在吾人之位置",毛泽东提出:"善其身无过于体育。体育于吾人实占第一之位置,体强壮而后学问道德之进修勇而收效远。"这里明确了"体育实占第一之位置",实质上就为后来提出"健康第一"的教育理念奠定了思想基础。

毛泽东在《体育之研究》中指出:"体育一道,配德育与智育,而德智皆寄于体。无体是无德智也。"这进一步说明体育在教育中的地位和教育各个方面的内在关系。

体育、德育与智育是教育的一个整体,而体育是德育与智育的承载和身心基础。后来发展为体育、智育、德育、美育、劳动技术教育,是全面发展的五育教育理念,其实是德智体三育的一个延伸和发展。体育与其他四育的内在关系是不变的。

梳理我国的古代史可见,一个国家国民的体质强弱关乎国运,国民强健的体质是一个国家兴旺发达的基础。而部分时期传统教育中对于体育的轻视由来已久。针对解放前"国力荼弱,武风不振,民族之体质日趋轻细"的状况,毛泽东首倡"健康第一"的教育方针具有重要的战略意义。

三、素材应用

(一)素材媒体形式

本案例主要以文档方式呈现。

(二)素材应用建议

大学生体育课程或思政课程。通过武术课程解读毛泽东《体育之研究》;对"健康第一"教育理念进行解析,毛泽东在《体育之研究》中明确提出体育的主旨即是"文武兼备"的全面发展型人才。

(三)引用及版权说明

《体育之研究》,发表于1917年4月1日《新青年》第三卷第二号上。毛主席当时所署的笔名为"二十八画生"。无知识产权异议和纠纷。

(四)素材应用示例

1. 案例可应用于大学体育与健康类武术专项课程学习

教学内容：注明案例所对应专业无限制，适用于中华武术类课程。

2. 教学设计

(1)教学目标：通过学习本案例及相关专业教学内容，打造健康体魄，培养高尚品格，厚植家国情怀。

(2)课程思政融入方法：将本案例与普通高校武术教学的目的与任务相融合，介绍我国武术发展历史、基本知识、现实状况与趋势。

(3)课程思政教学实施过程：通过武术基本功的艰苦训练，践行"野蛮其体魄"的要求，不但能够提升学生的身体素质，而且能磨练其吃苦耐劳、坚韧不拔的意志。武术课的"精、气、神"，要求学生形成专注自律的习惯。

3. 教学效果

在专业领域的学习和研究期间的生命安全有了保障，进而能够全身心地投入到学业当中去，使大学生的专业能力得到充分的发挥，从而为他们在该领域获得成功打下基础。

4. 教学反思

从武术实践入手，优化传统教学方法，将思政元素更好地与专业知识相结合。通过武术专项课教学与锻炼，并且结合武术运动的特点，更新教材、提升武术专业教师训练水平、改变教学模式、着手学生兴趣点，优化传统武术教学方法，采用多种高科技手段，将思政元素更好地与专业知识相结合。

对于学习遇到困难的学生，课程采取了传帮带等办法帮助他们，此外还有多媒体视频、教师课下辅导等教学手段。

（作者：文建生）

案例 2　武术在重塑中华文化自信中的价值体现

一、素材介绍

(一)案例素材名称

武术在重塑中华文化自信中的价值体现。

(二)素材内容简介

中国的独立和崛起必然包括中华文化的独立和崛起,其前提就是重塑中华文化自信。而文化自信并不是凭空而来,这需要对中华文化进行系统的传承与建设,其中必不可少地包括中华武术的建设。中华武术不仅仅是一种知识体系、一种技术形态,更重要的在于,它是中华民族开创人类文明先河战斗精神的载体,是正义、光明的载体,是原创性文明结晶的载体。随着中华文明的崛起,中华武术的传承与研发就提上了议事日程。对中华武术特有的理论与技艺的研究,是中华文明特有的科学观、文化观、价值观、世界观建构的基础与来源,也是重塑中华文化自信的精神和现实的支撑。

二、思政育人

(一)思政育人主题

中华文化自信,高尚品格,家国情怀。

(二)思政主题释义

经过近现代历史的轮回,21 世纪中华文化的使命是会通世界先进文化,建设自己独创的文化体系,这种独创的前提就是文化自信。新中国成立,开天辟地,东方文明的代表——中国再次屹立于世界的东方。自毛泽东主席开始,几代领袖致力于中华民族、中华文化的崛起。习近平总书记在党的十九大报告中提出"文化自信是一个国家、一个民族发展中更基本、更深沉、更持久的力量。没有高度的文化自信,没有文化的繁荣兴盛,就没有中华民族伟大复兴。"当代中华武术建设对于中华民族重塑文化自信具有重大的意义,正是弘扬中华文化核心层面的文化精神。

三、素材应用

(一)素材媒体形式

本案例主要以文档形式呈现。

(二)素材应用建议

大学体育或思政课程、中华文化自信释义;当代重塑中华文化自信。

(三)引用及版权说明

本案例来源于笔者《国学之武学论略》,无知识产权异议和纠纷。

(四)素材应用示例

1.案例可应用于大学体育与健康类武术专项课程学习

教学内容:注明案例所对应专业无限制,适用于中华武术类课程。

2.教学设计

(1)教学目标:通过学习本案例及相关专业教学内容,打造健康体魄,培养高尚品格,厚植家国情怀。

(2)课程思政融入方法:在专项理论讲解,如普通高校武术的目的与任务,我国武术发展历史,现实状况与趋势,以及《国学之武学》理论课程的讲解中融入思政元素。

(3)课程思政教学实施过程:树立学生对武术的理性认识,将传统武学转化为科学语言,帮助学生理解"中国功夫"。增强文化认识,培养攻防意识,提示传统武术"心与意会"。通过运动生物力学的分析,在科学比较中增强中华武术的文化自信。

3.教学效果

心理健康的改善:①自信心提升:通过武术训练,学生能够逐渐克服恐惧和自卑心理,增强自信心和自尊心。②意志力培养:武术训练需要坚持和毅力,通过不断挑战自我,学生可以培养出不屈不挠的意志力。③情绪调节能力:武术训练中的冥想和呼吸练习有助于调节情绪,缓解压力,使学生能够更好地应对生活中的挑战。

文化认同感的加强：①传统文化认知：武术是中国传统文化的重要组成部分，通过学习武术，学生可以更深入地了解中国传统文化的精髓和内涵。②民族自豪感：随着对武术文化的深入了解，学生会逐渐产生对民族文化的认同感和自豪感，从而更加珍视和传承这一宝贵财富。

4.教学反思

武术课的教学效果是多方面的，它不仅关注学生的技能提升和身体素质的增强，还注重学生的心理健康和文化认同感的加强。因此，在武术课的教学过程中，教师应注重培养学生的综合素质，使其在学习武术的同时，也能获得身心的全面发展。

（作者：文建生）

案例 3　武术科学内涵

一、素材介绍

（一）案例素材名称

武术科学内涵。

（二）素材内容简介

当代，要想重新赢得文化自信，必须直面迎头而来的科技革命，跳出西方科学观的范式，摒弃西方科学观的范式隐含着的重大弊端。中华武术的传承与研发就提上了议事日程。树立融汇中西的、中华文明特有的科学观、文化观、价值观、世界观。在这一过程中，从古至今埋藏于中华武术的亘古相传的文明成果具有不可或缺的价值与重大的意义。中华武术的科学内涵体现在其对自然科学、人体科学、生命科学的结合。中华武术在时光变迁中，不仅结合了自然科学、人体科学、生命科学等领域的知识，而且在一招一式中透露出时代的纹理，展现出自然的奥妙。这种结合使得中华武术不仅仅是一种技击之术，而是扩展到对人类身体、心理、道德等多方面的综合研究。其内在包含着原创性文明成果，这成果是人类原发的生命总结,是斗争实践和生命进化的统一。这种统一不同于西方范式科学观,亦包含着深刻的唯物辩证法。

二、思政育人

(一)思政育人主题

中华武术的当代使命;中华武术的建设对中华文化的价值;天人合一观念下的中华武术。对中华武术特有的理论与技艺的研究,是中华文明特有的科学观、文化观、价值观、世界观建构的基础与来源,也是重塑学生中华文化自信的精神和现实的支撑。

(二)思政主题释义

中华武术蕴含着中华文明特有的科学观、文化观、价值观。中华文化进行系统的传承与建设,其中必不可少的包括中华武术的建设。中华武术不仅仅是一种知识体系、一种技术形态,更重要的是中华民族开创人类文明先河战斗精神的载体,是正义、光明的载体,是原创性文明结晶的载体。随着中华文化的崛起,中华武术的传承研发就提上了议事日程。

中华武术是根植浸染于中华文明沃土的集哲学与美学、理论与技艺、科学与艺术、医学与技击、物理操作与生命实践于一体的文化体系。可以传承古代各门类文化,沟通诸类科学,远与中华易学同样古老,近代列居于当代体育中。

天人合一观念下的中华武术。就中华武术而言,看待世界是"生生不息的",是"气韵生动的",是"辩证流转的"。相对应西方将宇宙演算成一个精美的机械,分离式的研究世界可见的外形和具体的部分,其实更极真的还原了客观世界。人与世界不是征服与被征服的关系,因为人来自于世界,本来就是世界的一份子,将来也是。这种关系必然得到"天人合一"的结论,而不是"天人二分"的关系。由此建构的文化体系和内涵必然是相区别的。

三、素材应用

(一)素材媒体形式

本案例主要以文档形式呈现。

(二)素材应用建议

大学生研究生体育或思政课程,天人合一观念下的中华武术。

(三)引用及版权说明

本案例来源于笔者专著《武境》,无知识产权异议和纠纷。

(四)素材应用示例

1.案例可应用于大学体育与健康类武术专项课程学习

教学内容:注明案例所对应专业无限制,适用于中华武术类课程。

2.教学设计

(1)教学目标:通过学习本案例及相关专业教学内容,打造健康体魄,培养高尚品格,厚植家国情怀。

(2)课程思政融入方法:将本案例与普通高校武术的目的与任务相融合,介绍我国武术发展历史、基本知识、现实状况与趋势。

(3)课程思政教学实施过程:在套路教学中,设置动作优化套路,要求学生基于运动解剖学调整动作。

3.教学效果

心理素质的培养:武术训练中的冥想、呼吸法等练习有助于培养学生的专注力、自信心和积极心态。这些心理素质的提升有助于学生在学习和生活中保持冷静、自信,更好地应对各种压力和挑战。

道德品质的塑造:中华武术注重武德修养,强调尊重对手、谦恭礼让等道德品质的培养。通过武术训练,学生可以逐渐养成这些优秀品质,成为具有高尚道德情操的人。

文化传承与认同:培养科学精神,提升思维品质,通过数据对比验证改进效果,培养实证研究能力。运用生理学解释"站桩"对核心肌群的激活效应。

4.教学反思

技能提升:学生们在基本的武术动作如拳、掌、勾、踢、步型等方面有了显著的进步。通过反复练习,他们的动作更加规范、有力,身体的协调性和灵活性也得到了提高。例如:在长拳套路的学习中,学生们逐渐掌握了动作的连贯性和节奏感,能够流畅地完成整套动作。中华武学强调武德的重要性,在教学中,注重培养学生的相互尊重、自律、坚韧等品德。学生们学会了尊重师长、团结同学,在训练中能够严格要求自己,不轻易放弃。同时,他们也更加理解了坚持和努力的意义,培养了坚韧不拔的精神。通过学习中华武术,学生们对中国传统文化有了更深入的了解。他们了解了武术的历史渊源、流派特点以及武术所蕴含的哲学思想。这不仅丰富了学生的文化知识,也增强了他们对传统文化的认同感和自豪感。

(作者:文建生)

案例 4　坚持挖掘中华武术独有特性的文化渊源

一、素材介绍

(一)案例素材名称

坚持挖掘中华武术独有特性的文化渊源。

(二)素材内容简介

中华武术以中国哲学的根本理论太极阴阳学说和元气本体论来指导和创生拳法。与此对应,西方传统哲学中的形式逻辑和形而上学与西方任一项体育运动绝无这样的深刻联系。这和西方的体育项目有着大不同,中华武术因此包含有区别于其他体育项目的独有特性。古老的、连续不断的文明保存了人类早期的感知世界的方式和经验,这是非连续性文明(西方文明)难以做到的。这有助于说明形成中国的历史形态、文化形态的原因和发掘武术的独有特性。

二、思政育人

(一)思政育人主题

毛泽东思想中对武术文化发展的解读,连续不断的文明。

(二)思政主题释义

19世纪,近现代西方科学的发展对中国文化、军事等领域的全方位冲击,迫使中国"武术"的巨大价值转向和中国传统文化的全面改造。西方科学对包括武术文化在内的中国传统文化的解读和质疑,使得武术必须找到一种能与现代科学对话的方式,西方科学对真理的追求所积聚的文明成果和以武术为代表之一的中国传统文化对真理的体悟的结晶,二者本源上的相通之处造成武术对西方科学文明成果的吸收。新民主主义的革命实践中毛泽东思想确立,对包括武术在内的中国传统文化进行全面改造,中国传统文化要想赢得其在新时代条件下的生命活力,就必须调整其文化方向为民族的、科学的、大众的文化,这个方向为马克思主义与中国具体实际相结合的优秀成果——毛泽东思想的确立。这本身就是世界文明大融合的阶段性成果,它预示着新时代的到来,同时也为新中国武术的发展指出了方向。

三、素材应用

(一)素材媒体形式

本案例主要以文档形式呈现。

(二)素材应用建议

大学体育或思政课程。毛泽东思想中对武术文化发展的解读;19世纪近现代西方科学的发展对中国文化领域的全方位冲击。

(三)引用及版权说明

本案例来源于笔者专著《武境》,无知识产权异议和纠纷。

（四）素材应用示例

1.案例可应用于大学体育与健康类武术专项课程学习

教学内容：注明案例所对应专业无限制，适用于中华武术类课程。

2.教学设计

（1）教学目标：通过学习本案例及相关专业教学内容，打造健康体魄，培养高尚品格，厚植家国情怀。

（2）课程思政融入方法：在讲解普通高校武术的目的与任务，我国武术发展历史、基本知识、现实状况与趋势中融入思政元素。

（3）课程思政教学实施过程：强化根源认同，通过解析武术动作与哲学思想的关联，使学生理解一招一式皆学问，在身体训练感知中体验中华文化。引导学生增强身体自觉，在中西武技比较中，揭示中华武学价值取向。

3.教学效果

技能提升：学生经过系统的武术训练，能够熟练掌握各种招式和技巧，提高实战能力。

身心健康：武术训练不仅能够增强学生的身体素质和免疫力，还能够调节情绪、缓解压力，对心理健康产生积极影响。

文化传承：通过学习武术，学生能够更深入地了解中国传统文化和哲学思想，增强对民族文化的认同感和自豪感。

品德修养：武术教学注重培养学生的武德修养和道德品质，使其学会尊重他人、团结协作、勇于担当等优秀品质。

综上所述，中华武术独有特性的文化渊源对教学效果产生了重要影响。通过深入学习武术，学生不仅能够掌握技艺、强健体魄，还能够领悟哲理、修养身心，成为具有高尚品德和深厚文化底蕴的优秀人才。

4.教学反思

在教学中，注重挖掘中华武术背后的文化内涵，如哲学思想、道德观念、审美价值等。通过讲解这些文化元素，不仅让学生掌握了武术技能，更使学生深入理解了中华武术的精神内核。例如，在讲解太极拳时，阐述其蕴含的阴阳平衡、以柔克刚的哲学思想，使学生在练习中更好地体会这些理念。

创新教学方法:为了更好地传达中华武术的独有特性,采用了多种创新教学方法。如利用多媒体资源展示精彩的武术表演和历史文化纪录片,激发学生的学习兴趣;组织小组讨论和实践活动,让学生在互动中加深对武术文化的理解。同时,鼓励学生进行自主探究,培养他们的创新思维和学习能力。

注重体验式教学:中华新武学不仅是一种知识体系,更是一种身体实践。因此,在教学中注重体验式教学,让学生通过亲身体验武术动作和训练过程,感受中华新武学的魅力。例如,组织学生进行户外武术训练,让他们在自然环境中感受武术与大自然的融合,增强对新武学文化的认同感。

(作者:文建生)

案例 5　中华武术理论对现代养生的启示

一、素材介绍

(一)案例素材名称

中华武术理论对现代养生的启示。

(二)素材内容简介

武术的体系最终成熟,如太极拳的出现使中国的技击术不再仅仅停留在格杀制敌的层面,而是跃升到以武入道的生命升华层次。这样就使武术具有了由术进于道的三种认知方式的完整进化序列——使现实、实在的格斗和人类对生命自由的理想境界相联结,使中国哲学现实化、清晰化、直观化,使中国武技成为中国哲学的践行、生命科学的探索之路。它展示给世界人民一个新的广阔的领域,一种新的探索生命和宇宙的感知方式,对现代养生观产生了深远的影响。

二、思政育人

(一)思政育人主题

中国武术——中国哲学的践行、生命科学的探索之路。

(二)思政主题释义

中国的考古学与古人类学研究最重要的成就之一是,证明了在我国人类进化自直立人(猿人)—早期智人(古人)—晚期智人(新人)的各个阶段没有缺环,可以建立较完整的进化序列。这一事实说明中华文明的连续性可以追溯至人类进化早期。身体性感知的方式是人类进化最早的感知方式,因而带有身体感官的整体性和非语言概念的性质,其传承是一代人向另一代人身体感受上的迁移。这不是单凭语言文字、旁证分析可以体会的。一旦原创文明被侵略造成传承中断,由于感受性的经验带有非语言概念的性质,所以是不易恢复的,这样不完整连续发展的文明就难以传承这部分知识。纵观世界文明,只有中华文明是独有的连续性文明,保存并传承着"身体性感知方式"这颗文明的种子,而中华武学的产生则是中华文明身体性感知方式的进化成果。中华数千年文明保留的宝贵文明火种——身体性感知世界的方式,演进为人生修为方式,这种演进是对中国哲学的人体求证和对宇宙生命的直接探索。这种修为方式随着中国文化的发展也在不断地完善清晰,最终完美体现于中华武术之中。这种进化道路曲折而漫长,它不仅仅汲取中华文明的营养,同时融合了印度文明的优秀成果,近代以来又受到西方文明的巨大影响,它的发展与成熟是世界文明共同作用的结晶。

三、素材应用

(一)素材媒体形式

本案例主要以文档形式呈现。

(二)素材应用建议

大学体育或思政课程,中国武术——中国哲学的践行;生命科学的探索之路;宝贵文明火种——身体性感知世界的方式。

(三)引用及版权说明

本案例来源于笔者专著《武境》,无知识产权异议和纠纷。

(四)素材应用示例

1.案例可应用于大学体育与健康类武术专项课程学习

教学内容:注明案例所对应专业无限制,适用于中华武术类课程。

2.教学设计

(1)教学目标:通过学习本案例及相关专业教学内容,打造健康体魄,培养高尚品格,厚植家国情怀。

(2)课程思政融入方法:在讲解普通高校武术的目的与任务,我国武术发展历史、基本知识、现实状况与趋势中融入思政元素。

(3)课程思政教学实施过程:激活文化创新,在讲解古代战争中,引导学生思考冷兵器时代集体作战智慧对现代团队协作启示。提升文化品位。通过武术套路的结构美学,使学生领会中华艺术的审美追求。

3.教学效果

心理调节:武术训练中的冥想和呼吸练习有助于调节情绪、缓解压力。在练习过程中,学生需要专注于每一个动作和呼吸,这有助于他们暂时忘却学习、生活中的烦恼和压力,达到心灵上的平静和放松。

社交属性:武术具有社交属性,学生在学习过程中可以结识新朋友、拓展社交圈,从而缓解孤独感和抑郁情绪。武术教学不仅提高了学生的身体素质和技艺水平,还对他们的心理健康产生了积极影响。

综上所述,中华武术理论对现代养生具有深远的启示。在武术课程的教学过程中,通过阴阳平衡与内外兼修、以武入道与生命升华、武术养生与现代科学的融合以及武术养生与心理健康等方面的教学和实践,可以使学生更加深入地理解武术的养生原理和方法,提高他们的身体素质和心理素质。

4.教学反思

在教学中,不仅详细讲解了中华新武学理论的内涵和要点,还结合现代养生的实际案例和实践活动,让学生切实感受到新武学理论在养生中的应用价值。例如,通过示范一些简单的武术动作和养生功法,让学生亲身体验其对身体的调节作用,增强了学生的学习兴趣和参与度。

多元化的教学资源:为了丰富教学内容呈现方式,引入了多元化的教学资源,包括书籍、视频、图片等。这些资源生动地展示了中华新武学的魅力和现代养生的方法,帮助学生更直观地理解教学内容。同时,鼓励学生自主查找相关资料,拓宽知识面,培养他们的自主学习能力。

强调个性化养生:中华武术理论强调因人而异的养生方法,在教学中,注重引导学生根据自己的身体状况和需求,制订个性化的养生计划。通过分析学生的体质特点和生活习惯,为他们提供针对性的养生建议,让学生认识到养生不是一概而论的,而是要根据自身情况进行调整的。

（作者:文建生）

第九章　游泳课程思政案例

案例 1　"泳"往直前第一课：熟悉水性

一、素材介绍

(一)案例素材名称

"泳"往直前第一课：熟悉水性。

(二)素材内容简介

游泳,作为一项全身性的体育活动,不仅有助于增强体魄,更是在紧急情况下的重要自救手段,保障个人安全。然而,对于初学者而言,水的浮力、阻力以及压力等特性常引发不适感,进而导致其产生恐惧与不安。

在一堂游泳课程中,大一新生张同学,怀揣对游泳的热爱与自我挑战的决心踏入泳池。然而,水中的独特环境迅速带来挑战,水的浮力让张同学身体轻盈,而阻力与压力则让他呼吸困难,恐惧与挫败感油然而生,使张同学在心中暗暗打起了退堂鼓。幸运的是,游泳老师并没有急于推进游泳技巧的教学,而是将"熟悉水性"作为课程的基石。通过循序渐进的训练——从水中行走体验水流特性,到憋气换气的呼吸节奏掌握,再到扶池壁漂浮、徒手漂浮及抱膝漂浮等练习,张同学不仅克服了对水的恐惧,还学会了如何在水中保持冷静和自信。

课程结束后,张同学表示,熟悉水性的过程虽充满挑战,但每一次从呛水到适应,再到成功漂浮的转变,都如同一股强大的动力,激发自身对游泳的热爱与信心。这一过程不仅让张同学掌握了游泳技能,还让他更深刻地理解了勇于突破和自我挑战精神的重要性。这一经历让学生们在未来的学习和生活中,能够更加自信地面对各种未知与挑战,不断追求卓越与自我完善。西北工业大学翱翔游泳馆如图9-1所示。

图9-1　西北工业大学翱翔游泳馆

二、思政育人

(一)思政育人主题

强化学生游泳安全意识,培养学生勇于突破和自我挑战精神,提升学生抗挫折品格。

(二)思政主题释义

强化学生游泳安全意识:鉴于游泳的高危性,安全意识的培养是游泳教学不可或缺的一环。通过强化游泳安全知识教育,引导学生严格遵守泳池规则,深刻理解游泳安全的重要性,从而有效预防溺水事故,保障生命安全。

培养学生勇于突破和自我挑战精神:初学者面对水的恐惧是普遍现象。张同学通过教师引导与自身努力,逐步克服恐惧,掌握技能的过程,正是勇于突破、自我挑战精神的生动体现。这一经历不仅提升了游泳技能,更培养了坚韧不拔的意志品质。

提升学生的抗挫折品格:游泳过程中的呛水等挫折,考验着学生的心理素质。通过反复练习与积极面对,学生逐渐学会以乐观的心态应对困难,培养自身的抗挫折品格,为未来的生活与学习奠定坚实的心理基础。

三、素材应用

(一)素材应用形式

本案例素材以媒体(视频、图片)形式展现。

(二)素材应用建议

引入熟悉水性游泳者的游泳教学视频与图片,直观展示安全游泳的重要性,增强学生的自我保护意识与责任感。

通过游泳比赛视频,展示国内外游泳健儿的精彩瞬间与奋斗历程,激发学生勇于突破、挑战自我的精神。

借助游泳纪录片,讲述游泳运动发展历程与运动员的成长故事,引导学生理解拼搏精神并正视失败,培养抗挫折品格。

(三)引用及版权说明

案例所选用素材来源于网络,无知识产权异议和纠纷。对案例的教学或其他使用、引用等方式约定:教师教学过程可直接使用,其他使用、引用,请注明西北工业大学课程思政教学素材案例。

(四)素材应用示例

1.案例可应用于大学体育与健康类游泳专项课程学习

教学内容:游泳专项课"熟悉水性"单元课程。线上线下融合教育,线上利用多媒体传授水上安全、自救技巧及应急策略,辅以游泳健将的励志故事,提升学生安全意识和奋斗精神。线下泳池实操,培养挑战自我精神与抗挫折能力。

2.教学设计

(1)教学目标:在熟悉水性课程中,思政目标聚焦于以下三点。第一,通过教授基本的自救浮起与呼救方法等技能,增强学生的自我保护意识和能力,使学生深刻理解"安全第一"的原则,并能在实际游泳过程中自觉遵守安全规则。第二,通过设立合理的阶段性目标,鼓励学生勇敢面对挑战,建立积极的自我认知,不断突破自我。第三,通过反复练习,引导学生正确看待失败,从失败中汲取教训,总结经验,进而培养学生的抗挫折品格。

(2)课程思政融入方法:采取"课下"媒体"课上"练习的方式,将熟悉水性所折射出的课程思政内容融入教学中。首先,结合溺水事故案例剖析,强化安全意识教育。其次,借助游泳健儿奋斗历程的视频展示,激发学生挑战自我的动力。最后,在实操练习中引导学生正确面对挫折与失败,培养抗挫折品格与自信心。

(3)课程思政教学实施过程:熟悉水性课程思政教学涵盖理论与技能两部分。理论上,通过历史、价值讲解,辅以多媒体展示,激发学习兴趣,强化安全意识;技能上,围绕安全核心,通过水中基本技能训练,学生能够认识到生命宝贵,培养克服恐惧、勇于挑战的精神,同时在应对失败中学会反思总结,提升耐心、自信、毅力及抗挫折能力。

3.教学效果

通过熟悉水性课程的学习,首先,学生能够熟练掌握游泳基本技能并增强安全意识;其次,学生勇于挑战自我、突破极限的精神品质得到显著提升;最后,当学生面对挫折与失败时能够保持积极心态并学会反思总结。

4.教学反思

游泳课程富含思政元素,需深挖以构建思政基础。选择合适切入点,激发兴趣并达成共识,需教师总结经验优化融入。同时,应坚持理论实践结合,显隐教育并重的原则。

(作者:孙美晨)

案例 2　游泳安全的守护者:救生员

一、素材介绍

(一)案例素材名称

游泳安全的守护者:救生员。

（二）素材内容简介

随着夏日游泳活动的兴起，水上安全问题日益引起人们的重视。2023年4月，黄山学院六名学生在河边进行微电影拍摄时，偶遇女子落水紧急事件。面对危机，他们迅速行动，先报警求助，接着利用现场资源自制救援工具，虽初次尝试未果，但颜家辰、袁咏两位学生毅然跳入湍急水流，最终在其他同学协同下成功救起落水者。此事件不仅彰显了学生们临危不惧、见义勇为的高尚品质，也深刻体现了当代大学生的社会责任感、团队协作能力及勇于担当的精神风貌。

西北工业大学作为一所国防院校，积极响应国家关于加强学生安全教育、提升应急自救互救能力的号召，开设了水中救生课程。该课程旨在通过融合专业教学与思政教育，不仅传授水中救生的基本技能和理论知识，还着重培养学生的安全意识、社会责任感及爱国情怀，形成"珍爱生命、勇于担当、互助友爱"的良好风尚。水中救生示例：背面接近技术如图9-2所示。

图9-2 水中救生示例：背面接近技术

二、思政育人

（一）思政育人主题

强化学生安全意识，培养学生勇于担当的精神，培养学生的集体主义精神，培养学生爱国主义精神。

（二）思政主题释义

强化学生安全意识：水中救生课程的核心在于增强学生的安全防范意识，树立"安全第一，预防为主"的理念。教师通过理论讲授与案例分析，使学生深刻理解生命的宝贵与脆弱，学会在游泳等水上活动中保持警惕，避免盲目自信与冒险行为。

培养学生勇于担当的精神：黄山学院学生的英勇事迹是对勇于担当精神的生动诠释。水中救生课程不仅传授救生技能，更强调在关键时刻挺身而出、乐于助人的社会责任感。教师通过模拟救援情境，让学生在实践中体会担当与奉献的价值，培养其成为新时代有担当的青年。

培养学生的集体主义精神：水中救生强调团队协作与相互支持。教师通过分组练习、模拟救援等教学活动，培养学生的集体主义观念，让学生学会在团队中发挥自己的作用，共同完成任务。这种团结协作的精神，对于学生未来的学习、工作和生活都具有重要意义。

培养学生爱国主义精神：结合国家在水上安全领域的成就与挑战，讲述救援英雄的事迹，激发学生的国家意识与民族自豪感。教师通过讲述我国水上救援技术的进步、救援队伍的建设等，让学生感受到作为国家建设接班人的骄傲与责任，培养其爱国情怀与担当精神。

三、素材应用

（一）素材应用形式

本案例素材以媒体（视频、图片）形式展现。

（二）素材应用建议

引入真实救援案例，展示正确的救生姿势、技巧及安全注意事项。同时，分析错误操作导致的救援失败案例，以警示学生增强安全意识。

通过网络平台宣传报道救援英雄的事迹，如黄山学院学生、海上女搜救机长宋寅等，激发学生的见义勇为精神。

组织团队拓展、社会实践等活动，让学生在共同完成任务的过程中学会相互信任、支持与配合，培养集体主义精神。

结合国家水上安全领域的时事热点,如救援技术创新、救援队伍建设等,激发学生的爱国主义情感。

(三)引用及版权说明

案例所选用素材来源于网络,无知识产权异议和纠纷。对案例的教学或其他使用、引用等方式约定:教师教学过程可直接使用,其他使用、引用,请注明西北工业大学课程思政教学素材案例。

(四)素材应用示例

1. 案例可应用于大学体育与健康类游泳专项课程学习

教学内容:游泳专项课"水中救生"单元课程。线上线下结合,线上观看救援案例,学会溺水预防、自救互救与安全规则,讨论反思提升安全意识、见义勇为与爱国情怀。线下实操训练,如溺水救援技能,模拟救援情境,强化团队协作与集体主义。

2. 教学设计

(1)教学目标:在熟悉水性课程中,思政目标聚焦于以下四点。第一,通过安全教育与实战模拟,树立"安全第一,预防为主"的生命观,强化学生安全意识。第二,鼓励学生见义勇为,培养社会责任感。第三,通过团体练习,强化团队合作,弘扬集体主义精神。第四,结合国家时事与救援英雄事迹,激发爱国情怀。

(2)课程思政融入方法:采取"课下"媒体"课上"练习的方式,将水中救生所折射出的思政内容融入教学中。课下采用案例分析法,结合溺水事故案例,强化安全意识教育。同时,播放救援英雄视频,激发学生见义勇为与爱国精神。课上通过实战模拟,设置多种救援情境,让学生在团队协作中掌握技能,提升应急能力,培养学生集体主义精神。

(3)课程思政教学实施过程:水中救生课程思政教学含理论与技能两部分。理论部分讲解溺水原因、预防方法,强调救生员的担当精神,结合救援事例激发爱国情感。技能学习通过模拟紧急情况,融入思政元素,如团队协作、担当精神,设计角色扮演,体验团队合作重要性,从而弘扬集体主义精神。

3.教学效果

学生通过课程学习,能够掌握水中救生的基本技能与理论知识,深刻理解见义勇为、勇于担当的精神内涵。同时,学生的安全意识、集体主义精神及爱国情怀均得到显著提升,为成为具有社会责任感与爱国情怀的新时代青年奠定了坚实基础。

4.教学反思

培养大学生爱国主义精神时,需理论与实践结合,通过课堂、文化、社会实践等方式全面灌输与体验。黄山学院学生通过救援行动,既展现了其救援技能,又彰显了团队协作价值。因此,培养团队协作能力也应理论实践并重,让学生在实践中积累经验。

(作者:孙美晨)

案例 3　规则之下,公平竞技:游泳竞赛规则

一、素材介绍

(一)案例素材名称

规则之下,公平竞技:游泳竞赛规则。

(二)素材内容简介

在游泳竞赛的广阔舞台上,运动员、教练员及裁判员共同编织着公平竞争的壮丽画卷。规则,作为这一领域的基石,不仅确保了赛事的公正性,更是每位参与者必须恪守的准则。近期,巴黎奥运会上的中国游泳新星潘展乐,以 46 秒 40 的惊人成绩打破世界纪录并摘金,其卓越表现赢得了全球瞩目。然而,荣誉背后伴随着对成绩真实性的质疑,尤其是关于兴奋剂使用的讨论。面对质疑,潘展乐以坚定的态度回应,透露自己在过去一年中接受了多达 40 次的兴奋剂检测,且结果均为阴性,这一事实不仅捍卫了他的个人荣誉,更彰显了他对游泳竞赛规则的严格遵循与尊重。潘展乐的

故事告诫了各位学生，在追求卓越的道路上，坚守规则同样重要，甚至更为根本。

大学生游泳比赛规则课程，旨在传授比赛规则的同时，潜移默化地培养学生的规则意识与公平竞争精神，强调在任何竞争中，规则是基石。该课程还弘扬游泳运动中的拼搏与坚持精神，激励学生勇于挑战，追求卓越。巴黎奥运会男子 100 m 自由泳决赛，潘展乐夺冠瞬间如图 9-3 所示。

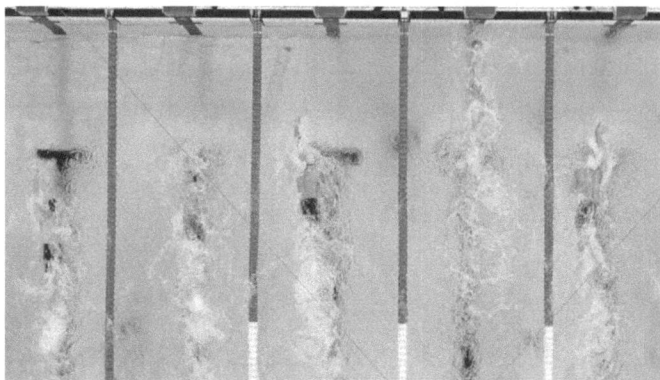

图 9-3　巴黎奥运会男子 100 m 自由泳决赛，潘展乐夺冠瞬间

二、思政育人

（一）思政育人主题

强化学生的规则意识，培养学生的公平竞争精神，激发学生的顽强拼搏的体育精神。

（二）思政主题释义

强化学生的规则意识：通过学习游泳规则课程，学生能够深刻理解规则对于维护公平竞争的重要性，进而将规则意识内化于心，外化于行。

培养学生的公平竞争精神：引导学生树立尊重规则、尊重对手、尊重裁判的价值观，弘扬体育精神。同时，将公平竞争精神融入生活学习中，树立正确的竞争观与价值观，塑造积极向上的道德品质。

激发学生的顽强拼搏的体育精神：中国游泳健儿奥运突破，诠释"更快、更高、更强"的奥林匹克精神。以优秀运动员的奋斗历程为榜样,激励学生勇于面对挑战,追求卓越,培养坚韧不拔的体育精神。

三、素材应用

(一)素材应用形式

本案例素材以文档与媒体形式呈现。

(二)素材应用建议

教师通过详细解读比赛规则文件,使学生全面了解游泳竞赛的各项规定和要求,培养规则意识。

结合历史争议事件和经典比赛视频,直观展示比赛规则和裁判方法的应用过程,强调公平竞争的重要性。

通过播放纪录片等形式,介绍中国游泳健儿的拼搏故事和对规则的尊重态度,激发学生的情感共鸣和价值认同。

(三)引用及版权说明

案例所选用素材图片来源于网络,无知识产权异议和纠纷。对案例的教学或其他使用、引用等方式约定:教师教学过程可直接使用,其他使用、引用,请注明西北工业大学课程思政教学素材案例。

(四)素材应用示例

1.案例可应用于大学体育与健康类游泳专项课程学习

教学内容:游泳专项课"游泳竞赛规则"单元课程。线上线下融合思政教育,线上精选游泳赛事案例,如奥运会、世锦赛争议判罚,分析规则应用与裁判复杂性,引导学生信守规则、尊重对手、展现体育精神,并融入思政,如爱国情怀、团队精神,激发共鸣。线下模拟比赛,学生担任裁判实操,强调公正、准确、责任,培养职业道德与社会责任感。

2.教学设计

(1)教学目标:在游泳竞赛规则课程中融入思政元素,使学生树立规则意识与公平竞争观;同时,观看优秀运动员的比赛视频,使学生领悟顽强拼搏、永不言败的体育精神。

(2)课程思政融入方法:采取媒体展示与讲解的方式,将游泳规则所折射出的课程思政内容融入教学中。选取典型的游泳比赛案例,引导学生分析比赛中的规则应用、运动员的公平竞争行为以及面对挑战时的顽强拼搏精神。让学生深刻理解公平竞争的价值和坚持不懈的意义。

(3)课程思政教学实施过程:首先通过剖析比赛典型案例,强化学生的规则意识;其次通过模拟比赛场景,让学生亲身体验裁判工作的公正性和准确性,让学生直观感受规则关键,理解公平正义;最后通过分享我国游泳成就与运动员事迹,激发学生的拼搏精神。整个教学过程注重理论与实践相结合、思政与体育相融合的原则,促进学生全面发展。

3.教学效果

首先,学生能够全面理解并熟练运用游泳竞赛的各项规则;其次,深刻理解规则在游泳竞赛中的重要性以及遵守规则的必要性,树立规则意识与公平竞争观,培养诚实守信、尊重对手的道德风尚;最后,激发拼搏精神和爱国情怀,以积极态度面对学习与生活挑战。

4.教学反思

教学需强化批判性思维与独立思考,设计挑战性问题引导深入探讨。融合思政元素于游泳规则课程,避免生硬说教。思政教育需长期持续,例如通过潘展乐等案例激发思考后,应定期回顾、强化训练,巩固学生思政素养,确保其成为未来行为准则。

(作者:孙美晨)

案例4 蛙泳技术学习中的追求卓越:
塑造学生奥林匹克精神

一、素材介绍

(一)案例素材名称

蛙泳技术学习中追求卓越:塑造学生奥林匹克精神。

（二）素材内容简介

覃海洋，一位在泳池中绽放光芒的游泳新星，其职业生涯如同波澜壮阔的海洋，充满了挑战与辉煌。自幼年起，他便与水结下了不解之缘，5岁启蒙，9岁离家赴沪，开启了专业游泳训练的征途。面对年龄的局限与选拔的严苛，覃海洋几度徘徊于放弃边缘，却最终凭借坚韧不拔的意志，在泳池中找到了属于自己的舞台。2017年，全运会的舞台上，年仅20岁的覃海洋一举夺得男子200 m蛙泳冠军，并打破全国纪录，成为万众瞩目的焦点。这一成就不仅是对他个人努力的肯定，更是中国男子蛙泳项目的一大突破。然而，荣耀之后，是更为严峻的考验。随后几年，覃海洋遭遇了职业生涯的低谷，接连的失利让他陷入了自我怀疑的泥潭。但正是这些挫折，铸就了他更为坚韧的品格。他选择从细节入手，精进技术，重塑自我，最终在2023年游泳世锦赛上大放异彩，连夺100 m、200 m蛙泳金牌，并刷新世界纪录。巴黎奥运会上，他虽遭遇波折，却在接力赛中找回状态，强势夺冠，完成了职业生涯的又一次自我救赎。本案例以覃海洋为榜样，融入大学生蛙泳课程中，使学生在课程中能够掌握蛙泳的技术要领和技巧，同时在学习过程中深刻体会到在面临困难时坚韧不拔、超越自我精神的重要性，引导学生树立正确的价值观和人生观，为未来的成长和发展奠定坚实的基础。中国游泳运动员覃海洋2023年世锦赛霸气夺冠如图9-4所示。

图9-4　中国游泳运动员覃海洋2023年世锦赛霸气夺冠

二、思政育人

(一)思政育人主题

培养学生坚韧不拔的意志品质,激发学生的自我超越精神。

(二)思政主题释义

培养学生坚韧不拔的意志品质:覃海洋坚韧不拔、成就游泳梦想的经历,激励学生面对挑战,坚持不懈才能克难成功。蛙泳课程亦是挑战重重,要求体能与技术并重,学生需克服水流阻力、呼吸难题与身体协调障碍。在这一过程中,学生需秉持坚韧精神,勇于面对每一次训练与挑战,方能掌握技巧,达成目标。

激发学生的自我超越精神:覃海洋曾遇低谷,但他坚韧不拔,调整策略,终破茧成蝶,实现自我超越。这一精神激励学生勇于跳出舒适区,挑战极限,以此激发自我超越精神,促进个人成长与进步。

三、素材应用

(一)素材应用形式

案例素材以媒体(视频、图片)形式呈现。

(二)素材应用建议

通过引入蛙泳教学视频与图片,展示正确的游泳姿势、动作技巧及安全注意事项。或选取较为知名的蛙泳竞技运动员,如覃海洋、唐钱婷等我国优秀运动员的比赛与训练纪录片,培养学生坚韧不拔的意志品质与自我超越精神。

(三)引用及版权说明

案例所选用图片来源于网络,无知识产权异议和纠纷。对案例的教学或其他使用、引用等方式约定:教师教学过程可直接使用,其他使用、引用请注明西北工业大学课程思政教学素材案例。

(四)素材应用示例

1.案例可应用于大学体育与健康类游泳专项课程学习

教学内容:游泳专项课"蛙泳技术"单元课程。线上线下结合,线上学习赛事案例,学蛙泳技巧与拼搏精神;线下精讲蛙泳腿技术,示范训练促掌握。融入思政,强调技术背后是坚持训练与超越自我的精神。

2.教学设计

(1)教学目标:在课程中,思政目标聚焦于两点。第一,丰富学生对于蛙泳技术的认知,在体悟蛙泳技术的过程中,引导学生认识到游泳运动中的挑战与艰辛,培养学生不怕困难、坚韧不拔的意志品质。第二,在练习中鼓励学生在面对挑战时保持积极向上的态度,勇于挑战自我,不断突破极限。

(2)课程思政融入方法:采取"课上"练习"课下"媒体的方式,将熟悉水性所折射出的课程思政内容融入游泳教学中。"课上"讲解蛙泳技术动作时,穿插介绍运动员的拼搏精神、坚持不懈等思政元素。例如,可以讲述某位著名游泳运动员如何通过不断努力克服技术难关,最终取得优异成绩的故事,以此激励学生。"课下"选取与蛙泳相关的思政案例,如运动员的励志故事、比赛中的道德风尚等,组织学生进行讨论分析,引导学生从中汲取正能量,树立正确的价值观和人生观。

(3)课程思政教学实施过程:在蛙泳技术教学过程中,通过穿插介绍覃海洋的训练经验和技巧分享,让学生在学习技术的同时感受到坚韧不拔和超越自我的精神力量。例如,在讲解腿部蹬夹动作时,可以引导学生思考如何像覃海洋一样在无数次重复训练中保持专注和耐心;在讲解呼吸配合时,强调在困难面前保持冷静和自信的重要性。组织学生进行长距离游或间歇游训练时,通过设置不同难度和强度的训练任务来锻炼学生不断超越自我,在面对疲劳和挑战时,引导学生学会及时调整心态、保持积极向上的精神状态。

3.教学效果

通过蛙泳课程学习,学生能够在各方面取得显著进步。在知识层面,学生会更加了解游泳这项运动的技术,了解蛙泳的关键核心技术等。在思想层面,学生深刻体会到了坚韧不拔的意志品质对于克服困难、实现目标的重要性,同时也学会了如何在挑战中保持积极向上的心态和勇于挑战自我的精神风貌。

4. 教学反思

蛙泳课程应重实践,通过针对性训练检验技能,关注个体差异,提供个性化指导。同时,融合思政教育,使技能学习与品德培养相辅相成,促进学生全面发展。

(作者:孙美晨)

案例 5　细节决定成败:蝶泳出发与转身技术

一、素材介绍

(一)案例素材名称

细节决定成败:蝶泳出发与转身技术。

(二)素材内容简介

在碧波泳池中,张雨霏以卓越技术和不懈追求,在巴黎奥运会斩获 6 枚奖牌,成为中国泳坛奖牌最多者。这一辉煌成就,源自她对技术细节近乎苛刻的打磨与对卓越的不懈追求。然而,当张雨霏在面对转身团身不够迅速、水下腿动力不足、换气时机把握不准等挑战时,她没有退缩,而是选择以"细节决定成败"为训,精雕细琢每个技术环节,以坚韧不拔的精神,日复一日刻苦训练。张雨霏的故事诠释了成功并非一蹴而就,背后是无数次的艰苦训练和汗水的浇灌,她以顽强的毅力和吃苦耐劳的精神,克服了训练中的种种困难和挑战。在大学生游泳课程中,出发转身技术不仅是提升游泳成绩的关键环节,更是培养学生精益求精精神的绝佳契机。本案例以我国杰出游泳运动员张雨霏为例,引导学生追求精益求精的同时,鼓励学生将吃苦耐劳的精神融入日常学习和生活中,为学生未来发展奠定坚实的基础。中国游泳运动员张雨霏出发技术如图9-5所示。

图9-5 中国游泳运动员张雨霏出发技术

二、思政育人

(一)思政育人主题

细节决定成败:培养学生精益求精的工匠精神。成功并非一蹴而就:激发学生吃苦耐劳、持之以恒精神。

(二)思政主题释义

培养学生精益求精的工匠精神:工匠精神在于热爱、执着与细节追求。张雨霏的成功是工匠精神的体现,她精雕细琢技术,严控细节。在课程中,通过学习蝶泳出发转身技术,学生能够认识细节的重要性,理解“细节决定成败”。鼓励学生树立精益求精的态度,将工匠精神融入学习、工作和生活中,追求卓越与完美。

培养学生吃苦耐劳、持之以恒精神:张雨霏的成功非天赋独断,而是严格训练与坚持的结果。她反复练习出发转身技术,追求最佳状态。学生学蝶泳出发转身需克服身体冲击与跳台恐惧,需吃苦耐劳、持之以恒。张雨霏的故事启示大学生技能掌握需长时间积累与磨砺。无论学习还是生活,均需此精神品质,不畏艰难、持之以恒,方能成功。

三、素材应用

(一)素材应用形式

本案例素材以媒体形式展现。

(二)素材应用建议

通过引入张雨霏比赛视频片段,详细讲解出发转身的技术要领,展示张雨霏如何通过反复练习和调整,不断优化自己的出发转身技术,学习张雨霏对于每一个细节的把控和追求完美的态度以及她在技术提升过程中付出的努力和坚持,从而培养学生精益求精和吃苦耐劳的精神。

(三)引用及版权说明

案例所选用图片源自网络,无知识产权异议和纠纷。对案例的教学或其他使用、引用等方式约定:教师教学过程可直接使用,其他使用、引用请注明西北工业大学课程思政教学素材案例。

(四)素材应用示例

1.案例可应用于大学体育与健康类游泳专项课程学习

教学内容:游泳专项课"蝶泳出发与转身技术"单元课程。线上线下结合,线上学习赛事案例,激发爱国情怀与奋斗精神;线下精练实操,教师精讲细导,提高大学生吃苦耐劳与精益求精精神。

2.教学设计

(1)教学目标:通过张雨霏的案例结合蝶泳出发转身技术的练习,引导学生树立精益求精的学习态度,培养吃苦耐劳、持之以恒的精神品质。同时,激发学生对体育运动的热爱与坚持,理解成功背后的艰辛与努力,促进学生全面发展。

(2)课程思政融入方法:采取"课下"媒体"课上"练习的方式,将蝶泳出发转身技术所折射出的课程思政内容融入教学中。在"课上"练习过程中结合张雨霏的技术特点,详细讲解蝶泳出发与转身的技术要领,并进行反复练习。强调每一个细微之处的重要性,引导学生树立"细节决定成败"的观念。"课下"通过引入张雨霏的奥运纪录片,分析其成功背后的技术细节与精神品质,让学生在生动的故事中感受精益求精与吃苦耐劳的重要性。

(3)课程思政教学实施过程:蝶泳出发与转身课程融合思政教学,分为线上视频展示与线下技术学习两部分。线上视频展示张雨霏奥运比赛过程,激发学习兴趣。线下技术学习结合张雨霏的特点,强调细节与精益求精。教师精准指导,学生实践反思。课后分享感悟,探讨劳模精神,鼓励学生内化其坚韧不拔、追求卓越的品质,将体育精神融入日常生活与学习中,实现全面发展。

3.教学效果

学生在蝶泳出发与转身技术的学习和练习中,不断面对挑战和困难并努力克服它们,从而培养坚韧不拔的意志品质和勇往直前的精神风貌。与此同时,学生深刻理解了成功背后的艰辛与努力,树立了精益求精的学习态度和吃苦耐劳的精神品质,并且能够主动将这种精神应用到自己的学习和生活中去,促进自身全面发展。

4.教学反思

引入张雨霏案例,成功融合思政与游泳教学,提升学生技能与品质,激发浓厚兴趣与参与积极性。未来可丰富思政教育形式,如嘉宾讲座、志愿服务等,拓宽体育精神体验。同时,加强个体差异指导,确保每位学生获得成长与激励。

(作者:孙美晨)

第十章　健美操课程思政案例

案例 1　突破自我，迎难而上

一、素材介绍

（一）案例素材名称

突破自我，迎难而上。

（二）素材内容简介

来自西北工业大学 2020 级的朱同学，在入校时得知体测不合格不能毕业。这项规定对他来说简直就是晴天霹雳，1.73 m 的个子，90 kg 的体重，体重超重，身体虚弱，跑不动也跳不远，体测肯定是不合格的。在上大学前，他很少运动，别的同学还经历了中考体育，朱同学由于提前保送了当地的重点高中，不用参加中考，所以也就没有参加中考体育。当时，他内心涌现出强烈的疑问和不安：难道仅仅因为体育测试不达标，就要面临无法顺利毕业的困境吗？他多年来勤奋学习，刚刚踏入大学的校门，难道就要因此陷入可能无法完成学业的窘境！不，他坚决不能接受这样的结果！于是，他几乎每天抽时间去操场跑步，通过半年多的努力，小伙子的体重从 90 kg 减到了 65 kg，体测的各项成绩也都有大幅度的提高，尤其是 1 000 m 跑的成绩，从 $4'53''$ 的不及格到 $3'15''$ 的满分。最终，体测成绩没有影响毕业。

二、思政育人

(一)思政育人主题

突破自我,迎难而上;努力奋斗,攻坚克难。

(二)思政主题释义

每年都有一小部分学生的体测成绩不合格,根据国家相关政策,学校新的培养方案里,要求体测与毕业挂钩。在这样的政策面前,学生有各种各样的反应,紧张、彷徨、抱怨、奋斗……这些学生均适用本素材,延伸育人主题包括以下两点:

身边人身边事,可以让学生们,尤其是体育方面有困难的学生被鼓舞、被激励,不再怨天尤人,而是始于足下。

无论在体育方面,还是在专业课的学习、科研工作以及生活的方方面面,我们都有可能遇到各样的困难,我们要不怕困难、迎难而上、努力奋斗、攻坚克难。

三、素材应用

(一)素材媒体形式

本案例素材以文档、体测数据形式呈现。

(二)素材应用建议

本素材可以应用于各项体育课及各种文化课程的学习。

(三)引用及版权说明

无知识产权异议和纠纷;如需使用本案例,可以先征得朱同学的同意,再使用他的名字或照片,或者隐去他的信息和照片。

(四)素材应用示例

1.案例可应用于全校学生在体育课程中的学习

教学内容:健美操课中的实例很好地说明了不怕困难、迎难而上、努力奋斗、攻坚克难的重要性。教师可通过身边人、身边事,对学生们进行关心、鼓舞,让学生增强信心、加强锻炼、提升身体素质、提高体育成绩,养成终身体育锻炼的习惯。

2.教学设计

(1)教学目标:了解国家、学校的相关政策,认识到体育锻炼对学生的重要性,激发学生的锻炼积极性,培养学生不怕困难、迎难而上、努力奋斗、攻坚克难的意识。

(2)课程思政融入方法:在给学生讲解各项体测政策、体育课要求时,可以将课程思政内容作为实例自然融入在教学中。

(3)课程思政教学实施过程:强调国家、学校在体育方面的要求,让学生们加强锻炼,面对挑战时,不惧困难,刻苦努力。

3.教学效果

将价值塑造、能力培养和知识传授有机融合,贯穿于课堂教学的各个环节。

4.教学反思

课程采用举例说明的教学模式,激发学生的锻炼热情,培养学生终身体育锻炼的意识。

(作者:彭琼)

案例 2　团结协作,共同进步

一、素材介绍

(一)案例素材名称

团结协作,共同进步。

(二)素材内容简介

团队联盟教学与考核模式是指以学生团队为单位,以团队合作学习和集体考核为主线,设计整个教学过程,其目的是为了更好地加强学生学习的自主性和团队合作能力,从而使学生得到全面的运动教育。

在教学中先对全班学生的运动水平进行测试、摸底,再根据掌握的学生情况按级别进行抽签分组,这种方法可以尽量让每个小团队实力均衡。相较于以往的按学号分小组考试,这种方法更加合理化,团队的竞争更加公平、有趣。

通过"团队联盟教学与考核模式",学生能够感受到强烈的学习自主权;通过团队合作学习和团队集体考核,学生之间互相进行监督,那些不太积极参与的学生不再总是躲避;同伴之间学会提供和接受帮助,每个人为了团队中自己的角色努力做出自己的贡献,从而完成思政教育中的集体主义教育。

分好团队后,整个学期的学习和考核,都以团队为单位进行。每个团队都有自己的队长,负责带领团队所有成员进行技术学习和训练,最后考核以团队为单位展示完整编排的考试套路。在平时课堂教学中,还可以开展团队建设活动,每个团队有队名、队呼等。考核成绩是按团队分,但在团队中,每个人在团队中的作用也有所区别。

在各团队自主练习时,教师用手机拍摄视频,并轮流投屏到电视上,给各团队进行动作回放,分析动作完成的优缺点,让学生更好地掌握动作。团队在期末考核时的最后造型如图 10-1 所示。

图 10-1　团队在期末考核时的最后造型

二、思政育人

(一)思政育人主题

团结协作,共同进步;认真锻炼,为自己为团队。

(二)思政主题释义

在团队联盟教学与考核模式下,学生们的锻炼积极性更高了,互相帮助,团结协作,共同进步。

素材的延伸育人主题包括:无论在学习还是在未来的职业生涯中,学生都不可避免地要与他人互动并进行合作。通过团队联盟教学与考核模式,培养学生的团队精神,帮助学生认识团队合作的力量。通过团队项目和协作任务,学生们学会如何在集体中发挥自己的长处,如何支持和帮助队友,实现共同目标。这种教学方式不仅提升了学生们的个人沟通能力,也加深了他们对团队协作重要性的理解,培养了他们的集体责任感和互助精神。

三、素材应用

(一)素材媒体形式

本案例素材以文档、照片的形式呈现。

(二)素材应用建议

本素材可以应用于各项体育课及各种文化课程的学习。

(三)引用及版权说明

无知识产权异议和纠纷。

(四)素材应用示例

1. 案例可应用于全校学生在体育课程中的学习

教学内容:健美操课中的实例很好地说明了团队合作的重要性,让学生们在团队中成长,团结协作,共同进步。

2. 教学设计

(1)教学目标:让学生在团队中团结协作,互相帮助,共同进步,培养集体主义的意识。

(2)课程思政融入方法:在整个教学过程中贯穿,课程设计、互动讨论、价值观引导等方式在每次上课中润物细无声,自然融入在教学中。

(3)课程思政教学实施过程:强调团队合作的重要性;鼓励学生加强锻炼、刻苦努力;引导学生在团队中勇挑重担,发挥最大潜力。

3.教学效果

学生上课参与度高,促进了学生知识、技能的掌握,培养了学生团队合作的精神等。

4.教学反思

课程采用团队联盟教学与考核模式,有效激发学生的锻炼热情,增强团队合作能力,并培养集体主义精神。

(作者:彭琼)

案例3 从自身出发,从小事做起,推崇劳动美德

一、素材介绍

(一)案例素材名称

从自身出发,从小事做起,推崇劳动美德。

(二)素材内容简介

习近平总书记在全国教育大会上对劳动教育的重要性讲得非常清楚,现在的关键是如何落实、如何落地的问题。教育部的专家曾说,首先我们必须认识到劳动教育是当前整个教育体系当中的短板,可能是最短的短板,因此必须要加强。

大学生们现在的劳动机会很少,特别是为集体的劳动机会更少,教学楼、公共区域都有专人打扫。在健美操课的教学中,要求学生课后值日——扫地、拖地、清理地毯、整理教学用具等。如果上课前打扫,地板会

太湿,影响上课。课后值日生将卫生打扫干净,后续班级上课时环境整洁,每个班级都为后面的班级服务,形成"我为他人服务,他人为我服务"的良性循环,每个人都有劳动的机会,每个人也都享受了劳动所带来的美好环境。

古人云:民生在勤,勤则不匮。古代的劳动是指勤劳的播种、耕耘、收获,所以,只要去播种,勤劳地耕耘,就会有收获,当今亦是如此。或许有人会说,学习劳苦,占了许多时间,所以不去劳动。古人云:一屋不扫,何以扫天下? 在学习的闲暇时间里,参与到劳动中,体会劳动的美好和价值。学生们在打扫训练室卫生如图 10-2 所示。

图 10-2 学生们在打扫训练室卫生

二、思政育人

(一)思政育人主题

从自身出发,从小事做起,推崇劳动美德;劳动为自己,劳动为他人。

(二)思政主题释义

教书育人是全方位、立体的过程,在教授学生运动技能、提升学生身体素质的同时,我们注重加强学生的劳动教育,培养学生的服务意识。

素材的延伸育人主题包括以下两点:

劳动是措施、是载体,需要通过劳动达到劳动教育的目的,培养学生们正确的世界观、人生观和价值观,弘扬劳动精神,形成对劳动的正确态度和看法,养成热爱劳动的习惯。

感恩后勤人员为我们师生的辛勤付出,珍惜当下,用功学习,积极锻炼,做自己力所能及的劳动。

三、素材应用

(一)素材媒体形式

本案例素材以文档、新闻稿、照片的形式呈现。

(二)素材应用建议

本素材可以应用于各项体育课及各种文化课程的学习。

(三)引用及版权说明

文档、新闻、图片均来源于网络,无知识产权异议和纠纷。

(四)素材应用示例

1. 案例可应用于学生在体育课程中的学习

此案例是利用课后的时间,让学生参与到劳动中,劳动为自己,劳动为他人,彼此服务。

2. 教学设计

(1)教学目标:让学生认识到劳动的重要性,激发学生的劳动积极性,培养学生服务的意识。

(2)课程思政融入方法:在课后,让学生在实践中去体会。

(3)课程思政教学实施过程:通过强调劳动在每个人生活、学习、工作中的重要性,引导学生们热爱劳动,为祖国,为社会,为身边的每个人贡献一份力量。

3. 教学效果

在课前课后让学生们参与到日常的劳动中,将价值塑造、能力培养和知识传授有机融合,学生上课参与度高,促进了学生知识、技能的掌握,培养了学生热爱劳动的精神等。

4. 教学反思

课程将采用亲身实践的教学模式，激发学生的劳动积极性，培养学生服务自己，服务他人的服务意识。教师跟学生一起劳动，共同的劳动体验可以加深师生之间的情感联系，建立更紧密的师生关系。

（作者：彭琼）

第十一章　体适能课程思政案例

案例 1　弘扬爱国主义精神，践行坚持不懈品质

一、素材介绍

(一)案例素材名称

弘扬爱国主义精神，践行坚持不懈品质。

(二)素材内容简介

1934 年 10 月—1936 年 10 月，中央红军(红一方面军)，红 2、红 6 军团
(红二方面军)，红四方面军和红 25 军相继撤离长江南北各苏区，实行战略
大转移，进行长征。在长征途中，中国共产党领导红军冲破国民党上百万
兵力的围追堵截，四渡赤水，巧渡金沙江，强渡大渡河，激战腊子口，翻越终
年积雪的崇山峻岭，穿过人迹罕至的茫茫草地，克服了以王明为代表的
"左"倾教条主义和张国焘的分裂主义等错误，纵横十余省，行程二万五千
里，胜利到达陕甘宁地区，实现了红军主力的大会师。这场惊心动魄的远
征，历时之长，行程之远，敌我力量之悬殊，自然环境之恶劣，在人类战争史
上是罕见的。红军长征胜利，是中国共产党人和红军将士弘扬伟大革命精
神的胜利。

长征精神的意义：红军长征不仅创造了可歌可泣的战争史诗，而且谱
写了豪情万丈的精神史诗，铸就了伟大的长征精神。长征精神，是中国共
产党人和人民军队革命风范的生动反映，是中华民族自强不息和民族品格
的集中展示，是以爱国主义为核心的民族精神的最高体现。长征精神为中

国革命不断从胜利走向胜利提供了强大精神动力。继承和发扬长征精神，对于建设有中国特色的社会主义，实现中华民族伟大复兴的强国梦，具有重大意义。长征路线示意图如图 11-1 所示。

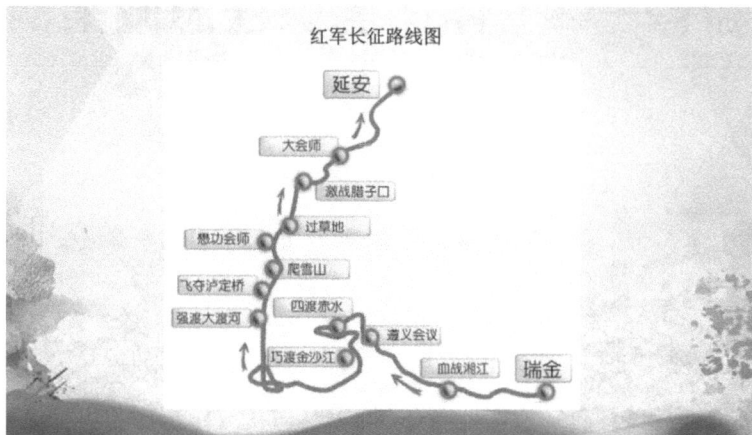

图 11-1 长征路线示意图

二、思政育人

(一)思政育人主题

爱国主义精神，坚持不懈品质。

(二)思政主题释义

爱国主义精神是长征精神的核心组成部分，它体现了对祖国的深厚情感和为祖国的繁荣富强而努力奋斗的坚定信念。在长征过程中，红军将士们面对艰难险阻，始终保持着对祖国的忠诚和热爱，他们为了民族的独立和人民的解放，不惜牺牲自己的生命。这种爱国主义精神激励着我们在新时代的征程中，要始终将国家和人民的利益放在首位，为祖国的繁荣富强贡献自己的力量。

坚持不懈是长征精神的重要特征之一，它体现了在困难面前不屈不挠、勇往直前的精神风貌。在长征过程中，红军将士们经历了无数的艰难险阻，但他们从未放弃过自己的信念和目标，始终保持着坚定的意志和顽强的毅力。

三、素材应用

(一)素材媒体形式

本案例以文档和图片的形式展现。

(二)素材应用建议

本素材适用于体适能等大学体育与健康类课程的讲授。

(三)引用及版权说明

案例所选用素材来源于网络,无知识产权争议和纠纷。

(四)素材应用示例

1.案例可应用于大学体育与健康类体适能专项课程学习

教学内容:体适能基础课人体运动中的耐力素质。有氧耐力的提升需要长时间、持续性进行,这对于学生来讲具有一定的难度,十分考验学生的意志品质。因此,引入长征精神,激励学生坚持努力。该案例适用于修读公共体育课的全校各类专业本科生。

2.教学设计

(1)教学目标:

价值塑造方面:通过课程学习,弘扬长征精神、厚植学生爱国主义情怀、培养学生坚持不懈的意志品质。

知识传授方面:让学生了解体能训练中耐力素质的定义、意义、影响因素、评价指标等相关原理。

能力培养方面:使学生掌握体能训练中常用的有氧耐力锻炼方法和技巧。

(2)课程思政融入方法:以长征题材文档、图片作为导入,并在课中结合所学内容进行讲解和分析,带领学生感受红军长征的伟大壮举。

(3)课程思政教学实施过程:

课前,教师将红军长征的文档素材发布到课程群,让学生重温长征故事,并思考长征的雄伟壮举需要哪些身体条件来支撑?以此提高学生自主思考和学习的能力。

课程导入部分,教师提问,"在课程群中发布的红军长征资料,需要哪些身体素质的支撑才能实现这一伟大壮举?"学生纷纷回答,教师接着带领学生分析长征过程中需要的身体能力和可贵的精神品质,引出本课的学习主题"有氧耐力"。介绍有氧耐力练习方法,持续训练法,跑步过程中很多学生产生了疲劳的感觉,呼吸急促、腿沉如泥。在这时,请同学们回忆当年红军长征,那是长达数十小时的长途跋涉,且有敌人的围追堵截,在地形复杂严峻,甚至忍饥挨饿的情况下还要负重行军,最后完成了二万五千里的长征。希望大家在面临体能极限的时候,能够坚持不懈。

3.教学效果

通过课程设计中的训练手段,让学生体会长征路上红军承受的艰辛,弘扬长征精神,厚植爱国主义情怀,培养学生坚持不懈的精神。

4.教学反思

通过单纯的讲述,将思政融入课程效果欠佳,应积极探索互动式、情景模拟等教学方法。强调教师引导、学生自主探索,深刻感悟长征精神,做到思政元素自然渗入。这些还需要进一步的实践和探索。

(作者:王志峰)

案例 2　拼搏进取,永攀高峰

一、素材介绍

(一)案例素材名称

拼搏进取,永攀高峰。

(二)素材内容简介

苏炳添,1989 年出生于广东中山,中国国家男子田径短跑运动员。从 2006 年到 2021 年,从 10 秒 59 到 9 秒 83,从晋级奥运会男子百米半决赛到站上奥运会决赛跑道,他是中国田径史上以创造亚洲纪录的成绩首次跻身奥运会百米决赛的运动员,成为一名成功追逐梦想的亚洲飞人。苏炳添14 岁参加学校田径队,身高 1.72 m 的他在短跑运动员中并不突出,但是凭借着"自己有目标去做"的坚定信念,他日复一日地勤于训练,精于技术,永攀高峰,从广东省队到国家队再到世界大赛,一点一滴积累,一步一个脚印开启了追梦之路。"朝着目标前进,越努力越幸运!""目标"和"努力"是苏炳添面对日常枯燥和高强度训练时最大的想法,无论烈日骄阳还是严寒酷暑,勤奋努力的他经历一场又一场的比赛。

"十年之内破十秒,凑个十全十美。"新的目标在苏炳添心中盘旋,却苦于一次次努力后的失败。"觉得自己应该需要一个不断改变",这个想法一直浮现脑海,在不断观察、思考、学习中,苏炳添决定改变跑步节奏,将起跑脚从右脚调整成左脚,这对任何一个运动员来说都是一次不可确定的冒险,但是他义无反顾地以壮士断腕之心开始了艰辛、大胆、反复地训练,永攀短跑技术高峰。即将满 32 岁,早超过了短跑运动员退役的年龄,可苏炳添却站在了东京奥运会现场,从预赛、半决赛到决赛,尤其是在男子 100 m半决赛中,苏炳添跑出 9 秒 83,以创造亚洲纪录的成绩首次跻身奥运会百米决赛,并在决赛中以 9 秒 98 荣获第六名,他创造了奇迹!苏炳添身披国旗庆祝如图 11-2 所示。

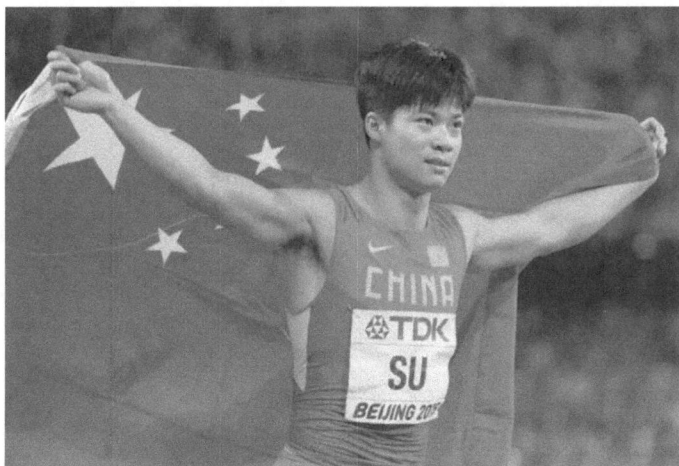

图 11-2　苏炳添身披国旗庆祝

二、思政育人

(一)思政育人主题

拼搏进取,永攀高峰。

(二)思政主题释义

苏炳添在没有身高、年龄优势的情况下,拼搏进取、永攀高峰,最终创造田径赛场上一个又一个奇迹。这种精神非常值得青年大学生学习,生活中不能因为遇到困难就退缩,应该敢于拼搏进取,要有战胜一切困难的信心和决心。

三、素材应用

(一)素材媒体形式

本案例以文档和图片的形式展现。

(二)素材应用建议

本素材适用于大学体育与健康类课程的讲授,通过体育明星奋斗事迹引发大学生共鸣。

(三)引用及版权说明

案例所选用素材来源于网络,无知识产权争议和纠纷。

(四)素材应用示例

1.案例可应用于大学体育与健康类体适能专项课程学习

教学内容:体适能基础课人体运动中的速度素质。速度素质的学习有一定的复杂性,学生易产生畏难情绪,在教学中融入苏炳添奋斗故事,激发学生兴趣,并培养学生拼搏进取、永攀高峰的精神。

2.教学设计

(1)教学目标。

价值塑造方面:通过课程学习,培养大学生拼搏进取、永攀高峰的精神。

知识传授方面：让学生了解速度素质的定义、意义、影响因素、评价指标等相关原理。

能力培养方面：使学生掌握常用的速度素质练习方法。

（2）课程思政融入方法：通过线上、线下相结合的方式进行课程思政内容融入。

（3）课程思政教学实施过程：在讲授移动速度的影响因素时，首先介绍移动速度的影响因素是步长和步频。这两个因素的改善以及它们之间的合理组合是提高移动速度的关键，苏炳添在短跑上的突破就得益于将步幅和步频进行最佳整合，通过组织学生练习提升步幅和步频的方法，培养学生拼搏进取、永攀高峰的精神。

3.教学效果

苏炳添的奋斗故事引发了学生共鸣，激发了学生学习的积极性。在发展速度素质的过程中，学生的短跑技术得到提升，并培养了学生拼搏进取、永攀高峰的精神。

4.教学反思

在教学中找到适应学生的练习方法，针对不同学生的个性特征给予相应的速度练习辅助方法，更大地挖掘学生的潜能。设置小组竞赛环节，充分调动学生参与。

（作者：王志峰）

案例3　勇于担当，为国争光

一、素材介绍

（一）案例素材名称

勇于担当，为国争光。

（二）素材内容简介

石智勇，这位来自浙江的举重健将，自小便展现出了对举重的浓厚兴趣和卓越天赋。他深知,在举重这项运动中,力量是取得胜利的关键。因此,他在日常训练中总是以超乎常人的毅力和努力,不断锤炼自己的身体,提升力量水平。每一次的举重,都是他对力量极限的挑战和突破,他用自己的汗水和坚持,书写了属于自己的辉煌篇章。

在石智勇的职业生涯中,他多次面临挑战和困难,但他从未退缩。每一次站在举重台上,他都肩负着国家的荣誉和期望。他知道,自己的每一次举重,不仅仅展示着个人的实力,更是代表着国家的形象和实力。因此,他始终保持着高度的责任感和使命感,勇于担当起这份重任。

在 2016 年里约奥运会上,石智勇临危受命,顶替因伤退赛的队友出战。面对巨大的压力和不确定性,他没有退缩,而是以坚定的信念和出色的表现夺得了男子 69 kg 级的金牌。这一壮举不仅证明了他的实力,更为国家赢得了荣誉。

此后,石智勇转战 73 kg 级,继续保持着卓越的状态。他多次刷新世界纪录,成为中国举重的领军人物。每一次的突破和进步,都是他勇于担当、不断挑战自我的结果。

石智勇的奋斗之路并非坦途。面对严重的腰伤和年龄的增长,他从未放弃对冠军的渴望。在巴黎奥运周期中,他克服了重重困难,坚持高强度训练,尽管最终未能站上领奖台,但他的精神却赢得了无数人的尊敬。石智勇站上奥运会颁奖台如图 11 - 3 所示。

图 11 - 3　石智勇站上奥运会颁奖台

二、思政育人

(一)思政育人主题

勇于担当,为国争光。

(二)思政主题释义

勇于担当是一种积极向上、敢于负责的精神品质。它要求个体在面对挑战、困难和责任时,能够挺身而出,勇于承担,不逃避、不退缩。在石智勇的故事中,他多次面临职业生涯的转折点和挑战,但他从未放弃,而是选择勇于担当。他深知自己肩负着国家的荣誉和期望,因此始终保持着高度的责任感和使命感,用实际行动诠释了勇于担当的真正含义。这种精神品质对于当代大学生来说具有重要意义。

为国争光则是一种深厚的爱国情怀和民族自豪感的体现。它要求个体在代表国家、民族或集体时,能够全力以赴、奋力拼搏,为国家和民族的荣誉和利益而奋斗。石智勇用自己的汗水和努力为国家赢得了荣誉和尊严。他的每一次举重、每一次突破都代表着国家的形象和实力。他的这种为国争光的精神品质不仅激励着自己不断前进,也激励着无数人为国家和民族的繁荣富强而努力奋斗。

三、素材应用

(一)素材媒体形式

本案例以文档和图片的形式展现。

(二)素材应用建议

本素材适用于大学体育与健康类课程的讲授,通过介绍石智勇的精神故事,帮助学生树立勇于担当的责任感和为国争光的使命感。

(三)引用及版权说明

案例所选用素材来源于网络,无知识产权争议和纠纷。

(四)素材应用示例

1. 案例可应用于大学体育与健康类体适能专项课程学习

教学内容:体适能基础课人体运动中的力量素质——核心力量。本案例主要围绕核心力量的技术动作教学及练习展开,与思政要素相融合,通过小组合作练习,培养学生勇于担当、为国争光的精神品质。

2. 教学设计

(1)教学目标:

价值塑造方面:通过课程学习,培养学生勇于担当、为国争光的精神品质。

知识传授方面:通过体育教学和锻炼的全过程,使学生掌握核心力量的概念、意义、练习方法,养成经常锻炼身体的习惯和终身体育的意识。

能力培养方面:帮助学生掌握运动技能,达到国家规定的大学生体质健康合格标准;提升抵抗疾病与适应社会环境能力。

(2)课程思政融入方法:在讲解核心力量的作用时,引入石智勇的奋斗事迹,培养学生为国争光的精神。通过分组、合作练习,培养学生勇于担当的精神。

(3)课程思政教学实施过程:

运用讲解、示范等方法介绍各项练习的技术要领。在讲解核心力量的作用时,融入石智勇思政元素。引导学生感受勇于担当不仅仅是一种精神品质,更是一种实际行动,要向石智勇一样通过自己的汗水和努力,为国家和民族争得荣誉和尊严,为国家和民族的繁荣富强贡献自己的力量。待学生掌握基本的动作方法后,将学生进行随机分组,六人组成一个小组,并选取小组长,然后从教学内容中自主选择五个动作进行小组内练习。最后,进行仰卧卷腹的组间竞赛。

3. 教学效果

在教学中引入石智勇故事,非常鼓舞人心,在进行分组练习时,学生们斗志昂扬,按要求完成练习任务,课堂秩序良好,训练热情高涨,每个小组内成员们都认真沟通交流,勇于担当,互相协助完成练习。

4.教学反思

文档形式的思政元素在表现力上不如视频画面冲击力强,后期可以不断优化素材案例形式,制作精美的视频案例,让思政案例更生动、形象。

(作者:王志峰)

案例 4 坚韧不拔,自强不息

一、素材介绍

(一)案例素材名称

坚韧不拔,自强不息。

(二)素材内容简介

邓亚萍,中国乒乓球界的传奇人物,1973 年出生于重庆。尽管她身形娇小,但凭借卓越的身体敏捷性、惊人的速度和坚韧不拔的精神,在乒乓球领域取得了举世瞩目的成就。她的成功故事不仅是对个人奋斗与坚持的颂歌,更是对"小身材大能量"的完美诠释。

敏捷性的天赋与磨砺:邓亚萍自幼展现出非凡的身体敏捷性,这种天赋让她在乒乓球场上如鱼得水。然而,她深知仅靠天赋不足以成就伟业,于是日复一日地刻苦训练,不断提升自己的反应速度、脚步移动和击球技巧。在训练与比赛中,邓亚萍经常面对比自己高大强壮的对手,但她凭借敏捷的步伐和快速的反应,敢打敢拼,取得优胜。

敏捷性在比赛中的体现:邓亚萍的职业生涯中经常与强敌对决,但她总能凭借敏捷性找到突破口。例如,在 1996 年亚特兰大奥运会上,面对实力强劲的对手,邓亚萍利用自己敏捷的步伐和精准的预判,灵活穿梭于球台之间,最终夺得女子单打金牌,成为中国乒乓球历史上第一位获得奥运会单打金牌的女选手。这一胜利不仅是对她个人能力的肯定,更是对她坚韧不拔、自强不息精神的最高赞誉。邓亚萍夺冠如图 11-4 所示。

图 11-4　邓亚萍夺冠

二、思政育人

(一)思政育人主题

坚韧不拔,自强不息。

(二)思政主题释义

灵敏素质是人体运动能力的综合反映,对身体素质要求较高,需要良好的快速移动能力、突然减速、变向再加速、控制身体重心等能力,在学习过程中会遇到一定困难。因此,选用该案例。邓亚萍在其职业生涯中,面对身高条件的限制、强敌的挑战以及种种困难,从未轻言放弃,而是选择坚韧不拔地前行。她的故事诠释了"坚韧不拔、自强不息"的精神内涵,即在面对逆境和挑战时,能够保持坚定的信念,不屈不挠地追求目标,直至取得最终的胜利。激励学生培养坚韧不拔的品质,不畏挫折,自强不息地追求自己的梦想。

三、素材应用

(一)素材媒体形式

本案例以文档和图片的形式展现。

(二)素材应用建议

本素材适用于大学体育与健康类课程的讲授,通过融入邓亚萍"以敏捷之心,铸就乒乓传奇"的故事,培养学生坚韧不拔、自强不息的精神。

(三)引用及版权说明

案例所选用素材来源于网络,无知识产权争议和纠纷。

(四)素材应用示例

1.案例可应用于大学体育与健康类体适能专项课程学习

教学内容:体适能基础课人体运动中的灵敏素质。本案例主要围绕灵敏素质的技术动作教学及练习展开,与邓亚萍的事例相融合,通过讲解法、示范法帮助学生掌握灵敏素质动作要点,在分组练习中融入思政元素,达到体育和德育双重育人效果。

2.教学设计

(1)教学目标:

价值塑造方面:通过课程学习,培养学生坚韧不拔、自强不息的精神。

知识传授方面:通过技能教学和锻炼的全过程,使学生掌握灵敏素质的相关理论知识和动作技能。

能力培养方面:帮助学生掌握灵敏素质的动作技能练习方法,达到国家规定的大学生体质健康合格标准,养成体育锻炼习惯。

(2)课程思政融入方法:通过语言法讲授灵敏素质相关理论知识,讲解示范灵敏技术动作练习方法,并组织学生进行练习,练习过程中纠正错误,在此节点融入邓亚萍的拼搏故事,并鼓励学生,虽然练习内容有些难度,但不应产生畏难情绪,应该以坚韧不拔、自强不息的精神去迎接挑战。

(3)课程思政教学实施过程:采用启发式教学法,教师提问,学生回答,让学生明确本次课的教学内容,教学任务,以达到较好的教学效果。组织学生进行准备活动,采用游戏参与法,帮助学生从静态到动态做拉伸,慢慢热身,同时增强课堂趣味性。

对灵敏素质的相关原理进行讲授,使学生明确灵敏素质的概念、影响因素等知识。以小组讨论探究的形式复习上节课所学内容,并进行练习。

接下来教师讲授、并示范减速、变向时身体重心的控制和动作要领,学生进行练习。教师巡回指导及时纠错,总结出错的原因,并运用讲授法融入邓亚萍的拼搏故事,培养学生坚韧不拔、自强不息的精神,并再次组织灵敏素质练习。

3.教学效果

通过邓亚萍思政案例的融入,增强了学生发展灵敏素质的信心,体能得到强化。学生在学习中遇到困难没有退缩,充分感悟了坚韧不拔、自强不息的精神。

4.教学反思

在动作纠错时介绍邓亚萍的故事,不能占用过多时间,如果时间过长,学生神经系统兴奋性下降,会影响接下来的运动表现。因此,思政元素的融入时机很关键,需要在今后的教学中不断优化和调整。

(作者:王志峰)

案例 5　精益求精，追求卓越

(一)案例素材名称

精益求精,追求卓越。

(二)素材内容简介

全红婵出生于广东省湛江市的一个普通家庭,自幼便展现出对跳水的浓厚兴趣和过人的身体柔韧性。2014 年,年仅 7 岁的她在一次校园活动中被湛江市体育运动学校的跳水教练陈华明发掘,从此踏上了跳水之路。起初,她只是一个对跳水充满好奇的小女孩,但随着时间的推移,她的天赋逐渐显现,对跳水的热爱也日益加深。

进入体校后,全红婵开始了系统的跳水训练。面对艰苦的训练环境和高强度的挑战,她从未退缩,始终保持着对技术的极致追求。在教练的指导下,她不断精进自己的跳水技术,从基础动作到高难度动作,每一个细节都力求完美。她的身体柔韧性为她的跳水事业提供了得天独厚的条件,但更重要的是她对技术的精益求精和不懈努力。为了掌握一个动作,她可以反复练习成百上千次,直到达到自己满意的效果。

全红婵的跳水生涯并非一帆风顺,她也曾遇到过挫折和困难。但正是这些挑战,激发了她更加坚定的追求卓越的精神。在东京奥运会上,她以创纪录的成绩夺得女子 10 m 跳台冠军,让世界为之震惊。这一成就的背后,是她无数次的汗水和泪水,是她对跳水事业的执着和热爱。她用自己的行动证明了,只有不断追求卓越,才能在激烈的竞争中脱颖而出。全红婵展示奥运金牌如图 11-5 所示。

图 11-5　全红婵展示奥运金牌

二、思政育人

(一)思政育人主题

精益求精,追求卓越。

(二)思政主题释义

精益求精:强调的是在已有的基础上,不断追求更高的标准、更好的质量,永不停歇地改进和完善。它体现了一种对完美的不懈追求,一种对自我极限的不断挑战。在全红婵的故事中,她凭借出色的身体柔韧性,在跳水领域展现出了惊人的天赋。然而,她并没有因此而满足,而是不断地对自己的技术进行打磨和提升,每一个动作都力求做到极致。这种对技术的极致追求,正是"精益求精"精神的最好体现。

追求卓越:全红婵在比赛中不断挑战自我,追求卓越。她敢于尝试新的动作和技术,不断突破自己的极限。她在面对高强度的训练和艰苦的比赛环境时,从未放弃过对卓越的追求。她以惊人的毅力和坚定的信念,不断突破自己,最终在东京奥运会上以创纪录的成绩夺得冠军,实现了自己的卓越梦想。

三、素材应用

(一)素材媒体形式

本案例以文档和图片的形式展现。

(二)素材应用建议

本素材适用于体适能等大学体育与健康类课程的讲授,通过介绍奥运冠军全红婵追逐梦想的事迹,帮助学生树立精益求精、追求卓越的意志品质。

(三)引用及版权说明

案例所选用素材来源于网络,无知识产权争议和纠纷。

(四)素材应用示例

1.案例可应用于大学体育与健康类体适能专项课程学习

教学内容:体适能基础课人体运动中的柔韧素质。柔韧性得到充分发展后,人体关节的活动范围将明显加大,关节灵活性也将增强。这样做动作更加协调、准确、优美,同时可以减少关节、肌肉等软组织的损伤。

本案例主要围绕静态拉伸练习展开,静态拉伸是一种行之有效的拉伸方法,需要缓慢地将肌肉、肌腱等软组织拉伸到关节最大活动范围处,并维持此姿势 $10\sim30$ s。在讲解拉伸技术过程中,融入奥运冠军全红婵事迹,培养学生精益求精、追求卓越的精神品质。

2.教学设计

(1)教学目标。

价值塑造方面:培养学生精益求精、追求卓越的精神品质。

知识传授方面:使学生理解柔韧素质的概念、对运动表现的重要性及提升柔韧性的科学方法。

能力培养方面:帮助学生通过柔韧素质训练,提高身体灵活性、减少运动伤害风险。培养学生的自我锻炼能力,形成终身体育的习惯。

(2)课程思政融入方法:采用讲解法,讲述全红婵在训练中精益求精、追求卓越,最终在跳水领域取得卓越成就。引导学生学习全红婵身上精益求精、追求卓越的优秀品质。

在柔韧素质练习中,设置模拟全红婵柔韧素质训练的场景,如较高难度柔韧动作的尝试,让学生在实践中体验。

(3)课程思政教学实施过程:播放全红婵的励志视频,引导学生思考。讲解柔韧素质的概念、练习方法及注意事项,并进行动作示范。在进行拉伸时,讲述全红婵在训练中精益求精、追求卓越,最终在跳水领域取得卓越成就,以此激励学生。随后将学生分为若干小组,每组选出一名组长,负责带领组员进行柔韧素质练习。练习内容包括下肢、上肢、躯干部位的静态拉伸。设置模拟全红婵柔韧素质训练的场景,鼓励学生尝试一些具有挑战性的柔韧动作,体验突破自我的过程。练习结束后,组织学生进行小组讨论,分享练习感受与收获,讨论如何将全红婵的精神品质融入日常生活与学习中。

3.教学效果

学生不仅能够理解和掌握柔韧素质的原理和练习方法,更重要的是能够从中汲取全红婵的励志精神,培养精益求精、追求卓越的意志品质。

4.教学反思

在未来的教学中,应继续深入挖掘体育明星的励志故事,丰富课程思政内容,要让思政元素贴近学生的实际,提高课程思政元素的感染力。

(作者:王志峰)

案例 6　以系统整机观念，造出中国人的"争气机"

一、素材介绍

（一）案例素材名称

以系统整机观念，造出中国人的"争气机"。

（二）素材内容简介

直-20 战术通用直升机（简称直-20），实现了我国直升机从第三代到第四代的跨越。直-20 的诞生，离不开一个人——邓景辉，这位直-20 的总设计师，自 1986 年西北工业大学本科毕业，从事直升机设计研究工作，一干就是近 40 年。从参与直-8、直-9、直-10、直-11 等我国多种直升机型号研制，到主持研制直-20 并获得成功。成功路上，邓景辉和其团队历经在荆棘中开辟坦途、于无路处踏出新路，敢于直面直升机行业高标准、高强度、高责任、高风险的职业特点，邓景辉执于系统整机观念、勇于创新、敢于担当，造出中国人的"争气机"。

直-20 是一款中型直升机，其设计注重运输能力和机动性，具有多地形、全天候、高载荷、机体适中、适用狭小空间起降等特点，因此对整机的动力、航电、武器等系统的系统性要求高。首先，直-20 需要配备先进的旋翼系统以及兼顾强大动力和良好燃油效率的动力系统；其次，包括飞行控制系统、导航系统、通信系统等一套综合化的航电系统，需要具备全天候飞行，能够在恶劣天气和夜间条件下执行任务的能力；最后，直-20 需要配备搭载机枪和火箭巢等武器，用于自卫和轻火力支援的武器系统。

众所周知，我国的直升机研发起步晚，与国外先进技术差距巨大，邓景辉的阅历有着更深的体会。"鸷鸟将飞，先修羽翼"，旋翼系统是直升机上的"皇冠"。邓景辉勇于创新，带领团队，攻克钛合金加工、弹性元件设计、弹性元件硫化工艺和动力学特性分析等多项技术难关，成功研制出中国第一套球柔性桨毂，让中国旋翼设计技术跨上新台阶，是中国首次自行研制的第三代旋翼系统。为直-20 的单旋翼尾桨、低位后置平尾构型以及采用低阻气动外形、高性能旋翼气动布局总体设计夯实了基础。

直－20上的旋翼防/除冰技术,是研发攻克的直升机最关键的技术难题之一。邓景辉带领团队,凭着"中国人一定要争气"的韧劲和必胜信念,勇于担当攻坚克难,实现突破。曾几何时,邓景辉团队身心、意志耐受着极限考验,600多个日夜,上高原,进严寒,苛刻地实验,多轮反复迭代,有的不间断试验甚至长达1 500 h,付出的辛苦难以言说。历经无数次的失败,团队先后突破了旋翼防/除冰热力学分析、加热组件研制、冰风洞试验、模拟结冰环境下的喷洒塔试验,以及在真实自然结冰环境下的试飞考核,最终实现旋翼防/除冰技术零的突破,从而真正实现了直－20全地域、全时段的作战能力。

二、思政育人

(一)思政育人主题

系统整机观念、创新精神、担当精神。

(二)思政主题释义

系统整机观念是从担纲"系统、整机、型号"研制重任的总师身上凝结出的人才培养核心特质。对于工科学生而言,强调从系统整体的角度来培养工程技术人才,要求学生具备系统性的思维和方法,能够理解和解决复杂工程问题。

创新精神是指要具有能够综合运用已有的知识、信息、技能和方法,提出新方法、新观点的思维能力和进行发明创造、改革、革新的意志、信心、勇气和智慧。创新精神是一个国家和民族发展的不竭动力,也是一个现代人应该具备的素质。

担当精神。担当指敢于承担使命和责任,不惧风险挑战,事不避难、义不逃责。担当精神是指党员干部坚持原则、认真负责,面对大是大非敢于亮剑,面对矛盾敢于迎难而上,面对危机敢于挺身而出,面对失误敢于承担责任,面对歪风邪气敢于坚决斗争的精神。

三、素材应用

(一)素材媒体形式

本素材以文档、图片的媒体形式呈现。

(二)素材应用建议

本素材可应用于以工科学生为主要对象的体育与健康类课程专项整体结构知识系统介绍、攻克专项技战术难点的路径与方法教学。

(三)引用及版权说明

本案例内容主要参考《中华英才》(2023年第18期)刊发的——邓景辉:造出中国人的"争气机",无知识产权异议和纠纷。

(四)素材应用示例

1. 案例可应用于大学体育与健康类体适能专项课程学习

教学内容:可应用于体适能概念介绍、促进方法教学。具体教学内容为介绍体适能基础课程要求与内容,学习体能中热身运动与整理放松。体适能促进相关难点练习教学。

2. 教学设计

(1)教学目标:

认知目标:让学生初步了解体适能概念和在运动中的重要性。

技能目标:使学生掌握体能训练中热身和放松整理的动作方法和手段。

情感目标:培养学生勇于创新、敢于担当、吃苦耐劳的精神。

(2)课程思政融入方法:针对工科学生特点,引入学生关注度高的案例,提高学生的学习兴趣和思政效果。准确把握教学内容契合直-20案例的核心要义,语言朴实精炼,实事求是、润物细无声的沁润学生心田。

(3)课程思政教学实施过程:

人体本身就是形体结构、生理功能等方面的有机整体。对于学生而言,健康体适能是与健康有密切关系的体适能,是指心血管、肺和肌肉发挥最理想效率的能力,其心肺耐力、力量、柔韧、身体成分等有着系统的人体整体科学理论。其契合直-20的系统整机观念,通过案例使学生更加理解体适能内涵中心肺耐力的基础作用以及人体活动蕴含准备活动、主体活动、整理活动等系统过程。

对于准备活动中促进柔韧的方法不仅要让学生掌握经典练习,还要树立学生善于运用不同锻炼环境创新练习形式。诸如一人辅助压大腿的静力性柔韧练习,更要培养学生的克服自身惰性和提高耐受力、锤炼学生意志,其行为结果健康是走向未来工作岗位敢于担当的基础。邓景辉团队的直-20精神与该知识高度契合,可以润物细无声的融合。

3.教学效果

学生不仅可以提高理解体适能系统整体的知识构架、内涵,创新掌握发展人体活动过程的具有挑战的高难练习,而且对于学生的吃苦耐劳、敢于担当的精神更是具有沁润促进作用,深刻理解工科学生的专业应用能力,最终促进学生全面发展。

4.教学反思

该案例适用有着一定的局限性,尤其是以文科学生为主要教学对象的体育课程,需要的背景知识略显冗长,应用不当会影响教学效率。建议教师一定抓住重点,言简意赅,真正达成学生练好身体、学精专业、敢于担当、报效国家的思政目标。

(作者:聂东风)

第十二章　田径课程思政案例

案例 1　携手并进，团结奋进

一、素材介绍

(一)案例素材名称

携手并进，团结奋进。

(二)素材内容简介

本课程首次课便向学生介绍田径运动起源及未来发展趋势，帮助学生加深对这项运动的理解。同时教授学生们田径接力作为一个团体项目，最重要的部分就是团队的协作能力。同时向学生们介绍团队精神，简单来说团队精神就是大局意识、协作精神和服务精神的集中体现。核心是协同合作，最高境界是全体成员的向心力、凝聚力，反映的是个体利益和整体利益的统一，进而保证组织的高效率运转。

中国男子短跑接力队的故事能够深刻的体现出集体意识在田径项目中的重要性。田径接力项目需要团队中每一个人的共同合作，长久磨合，才能取得最终胜利。

同时在教学过程中，将学生分成几个小组，以小组的形式进行学习，小组长引导组员共同学习接力技术，以此促进小组成员共同进步。

通过解读中国男子接力队的故事引出的团队意识在很大程度上能够促进学生互相之间的沟通与交流，重视团队的协作，在学生拥有自我意识的同时促进学生团队意识的发展。

二、思政育人

(一)思政育人主题

团队意识,担当意识。

(二)思政主题释义

团队意识:在比赛过程中,不能因为队友产生失误而埋怨队友。

担当意识:在比赛过程中,如果处于落后局面,要有人敢于承担责任。

三、素材应用

(一)素材媒体形式

本案例以文档和图片的形式展现。

(二)素材应用建议

体育课的足球课程中促进学生团结意识。

体育课的篮球课程中,通过引入案例让学生学会协作。

(三)引用及版权说明

此教学素材案例为笔者撰写,素材中相关文献资料来源均无知识产权异议纠纷;此案例可用于体育课题教学。

(四)素材应用示例

1.案例可应用于全校学生在田径课程中的学习

教学内容:主要包括对学生的基本技术教学以及通过分组学习的形式进行教学,同时深入挖掘优秀体育资源融入课程内容,拓宽大学生知识视野,提高大学生学习兴趣和教学效果,注重篮球课程思政教育的时代性、时效性和政策性。

2.教学设计

(1)教学目标:

认知目标:使学生充分了解田径接力运动中的团队意识,充分发挥集体力量;强调教学常规要求;

技能目标:通过学、练,90％的学生基本掌握田径接力基础技术,10％

的学生初步掌握田径接力基础技术。

身体目标:通过身体素质和动作技术练习,锻炼学生心肺功能,发展学生身体素质。

(2)课程思政融入方法:课程在教育过程中采用分组学习的方法,形成"以优带劣"的学习模式,促进学生团结协作意识的发展。

(3)课程思政教学实施过程:在技术教学过程中融入思政,以下压式传递接力棒为例。其优点是接棒人手后伸,容易掌握,但存在一个缺点是当交接棒时,配合不默契,容易发生掉棒现象。进行这种教学时需要提示队员之间加强配合,接棒前通过呼喊等方式与队友沟通,避免掉棒现象的出现而导致失误,不能埋怨,不能推卸责任,要互相鼓励,主动反思,通过该项教学重点培养学生大局意识、团队意识、协作能力及担当意识。

3.教学效果

通过田径接力课程对学生的教学,在很大程度上促进学生互相之间的沟通与交流,重视团队协作,在学生拥有自我意识的同时促进学生团队意识的发展。

4.教学反思

对于小组分组学习时,能否完全根据学生特点进行合理的分组,以达到各组水平均衡,从而形成对抗这一方面还存在一定的问题,会出现某一组内没有水平高的学生的情况,日后将通过多方位评价指标对学生进行分析,最后形成合理的学习小组。

(作者:于琪)

案例 2　不屈不挠,砥砺前行

一、素材介绍

(一)案例素材名称

不屈不挠,砥砺前行。

（二）素材内容简介

在田径专项基本技术教学方面，培养学生精益求精的治学态度，磨炼永不放弃的意志品质。田径专项基本技术包括起跑、加速跑、途中跑和冲刺跑等，正所谓"不积跬步，无以至千里；不积小流，无以成江海"，只有夯实基础，才能提升技术水平，才能使学生在田径锻炼中体会田径运动所带来的乐趣。

以起跑技术教学为例，在教学时需要学生明确学习该项技术的目的以及技术要求，循序渐进地安排练习。比如练习起跑准备姿势时，需要不断改善自身技术动作，提示学生及时调整身体姿态，起跑器的放置位置，以及重心的调整，在不断提高起跑技术的过程中，及时向学生传递精益求精的治学态度，磨炼永不放弃的意志品质。

学生通过对起跑技术的学习，可以锻炼自身的意志品质，通过起跑比赛，体会比赛的胜负感受，胜利后认识到不断的付出始终会有回报；失败之后的挫折教育，不断通过挫败感磨砺自己，砥砺前行，挑战自我，获得最终的成长。

二、思政育人

（一）思政育人主题

顽强拼搏，爱国主义。

（二）思政主题释义

顽强拼搏：通过起跑技术的不断打磨，培养学生不屈不挠、顽强拼搏的意志品质。

爱国主义：增加学生为祖国奋斗的使命感。

三、素材应用

（一）素材媒体形式

本案例以文档和图片的形式展现。

（二）素材应用建议

在三航类别的专业中：要求学生拥有精益求精意识，对数据以及其实验不断反复琢磨,取得最好结果。

(三)引用及版权说明

此教学素材案例为笔者撰写,素材中相关文献资料来源均无知识产权异议纠纷;此案例可用于体育课题教学。

(四)素材应用示例

1.案例可应用于全校学生在田径课程中的学习

教学内容:通过体育课程思政培育大学生的世界观和人生观,树立理想信念、提升品德修养、涵养奋斗精神,增强综合素质,助推大学生对爱国、上进、责任、果敢、担当、乐观、合作等价值观形成深入、稳定、持久的深刻理解和高度认同。

2.教学设计

(1)教学目标。

认知目标:使学生通过田径运动发挥爱国主义精神,在爱国主义的情怀下不断艰苦奋斗;强调教学常规要求。

技能目标:通过学、练,90%的学生基本掌握田径基础技术,10%的学生初步掌握田径基础技术。

身体目标:通过身体素质和动作技术练习,锻炼学生心肺功能,提高学生身体素质。

(2)课程思政融入方法:本课程通过引导学生以苏炳添为代表的榜样,激发学生的爱国主义情怀,养成祖国至上的意识,鼓励学生刻苦学习专业知识,不畏惧困难,增加为祖国奋斗的使命感和责任感。

(3)课程思政教学实施过程:本课程在基本技术教学过程中融入思政,以起跑技术教学为例,在教学时需要学生明确学习该项技术的目的以及技术要求,循序渐进地安排练习,及时向学生传递精益求精的治学态度,磨炼永不放弃的意志品质。

3.教学效果

学生通过对田径各项技术的学习,可以锻炼自身的意志品质,通过比赛,体会比赛的胜负感受,胜利后认识到不断地付出始终会有回报;失败之后的挫折教育,不断通过挫败感磨砺自己,砥砺前行,挑战自我,获得最终的成长。

4.教学反思

采用观看苏炳添奥运会比赛视频的方式向学生传播不屈不挠、顽强拼搏精神,效果不如组织学生观看省级和全国比赛现场比赛更具冲击力和真实感。

(作者:于琪)

案例3　敢于追梦,逆风飞扬

一、素材介绍

(一)案例素材名称

敢于追梦,逆风飞扬。

(二)素材内容简介

刘翔在2004年雅典奥运会110 m栏决赛中,以11″91的成绩,打破奥运会记录,追平世界纪录,同时夺得该项目的金牌。在之后的2006年洛桑国际大奖赛中,又跑出了12″88的成绩,一举打破了尘封13年的世界记录。在2009年伤愈归来后,分别赢得全运会、亚锦赛、东亚运动会冠军。尤其是2012年伦敦奥运会,尽管伤病缠身,也毅然选择坚持,虽因伤摔倒,但他单腿跳到终点亲吻栏架的那一幕,诠释了在困难面前敢于追梦,逆风飞翔的伟大品格。

在田径课程教学中,为了促进学生的成长成才,促使学生认识到自己要成为未来社会的建设者,具备敢于挑战的意志,这样能够促使他们在以后的人生道路上越走越远。学生要成为学习的主人,不能只依靠教师进行学习,要自主地进行田径技术练习,在敢于挑战的精神支持下,不断取得更大的进步。

在教他们基础技术的同时,通过紧张激烈的竞技比赛过程,提升学生的竞技意识,从而培养学生敢于挑战的意志精神。这不但对于田径技术的学习十分重要,也会促使他们在以后的学习、工作和生活中勇于面对一个又一个的实际问题,从而促进学生更好的发展。

二、思政育人

(一)思政育人主题

迎难而上,不畏艰难。

(二)思政主题释义

迎难而上:通过分组比赛,培养学生的竞技意识,敢于面对困难意识。

不畏艰难:引导学生在面对困难时,不是一遇困难就投降,而是直面苦难,坚韧不拔。

三、素材应用

(一)素材媒体形式

本案例以文档和图片的形式展现。

(二)素材应用建议

在体育课技术课堂中:要求学生面对技术动作难题,不断突破自己,迎难而上,最终获得技术突破。

(三)引用及版权说明

此教学素材案例为笔者撰写,素材中相关文献资料来源均无知识产权异议纠纷;此案例可用于体育课题教学。

(四)素材应用示例

1.案例可应用于全校学生在田径课程中的学习

教学内容:结合体育课程的特点,通过田径课程"赛练结合"教学模式的探索,使学生掌握田径基本技能的同时,培养学生坚毅的品格,通过比赛促进学生敢于挑战意识的形成,促进理论与实践相结合,充分发挥田径课程思政教育的作用,使田径课程成为思想政治教育的重要载体。

2.教学设计

(1)教学目标:

认知目标:使学生通过田径运动发挥敢于挑战的精神;强调教学常规要求。

技能目标:通过学、练,90％的学生基本掌握田径基础技术,10％的学生初步掌握田径基础技术。

身体目标:通过身体素质和动作技术练习,锻炼学生心肺功能,发展学生身体素质。

(2)课程思政融入方法:在田径课程教学中,为了促进学生的成长成才,促使学生认识到自己要成为未来社会的建设者,具备敢于挑战的意志,这样能够促使他们在以后的人生道路上越走越远。

(3)课程思政教学实施过程:在对学生进行教学时,引导其自主的进行田径技术练习,在敢于挑战的精神的支持下,不断取得更多的进步。在田径教学过程中,给学生提出一定的学习目标要求,让学生进行自我练习,当学生在练习中遇到困难的时候,比如对某项技术无法把握时,不应该立刻寻求教师或者他人的帮助,而应该挑战这个困难,想办法自我克服。

3.教学效果

在教学生基础技术的同时,通过紧张激烈的竞技比赛过程,提升学生的竞技意识,从而培养学生敢于挑战的意志精神。这不但对于田径技术的学习十分重要,也会促使他们在今后的学习、工作和生活中勇于面对一个又一个的实际问题,从而促进学生更好的发展。

4.教学反思

在课程教学过程中,许多学生面对实力比自己强劲很多的对手就会提前打退堂鼓,对这些学生敢于挑战意识的培养仍需进一步推进。

(作者:于琪)

案例 4 核心引领，同舟共济

一、素材介绍

(一)案例素材名称

核心引领，同舟共济。

(二)素材内容简介

"四个意识"中的核心意识是党在实践中，特别是在破解发展时代课题的过程中形成的，为了让学生形成正确的价值观，学会从大局考虑事物，即谁说得对，谁说得全就听谁的。

2024 年巴黎奥运会女子 20 km 竞走比赛中，我国田径运动员杨家玉以 1 h 25 min 54 s 的成绩夺得金牌，这也是中国田径历史上第十二枚奥运会金牌。在比赛开始前，教练员制定的战术是要跟随 10 km 后再加速，但在比赛前，结合自身的身体状况，教练员临场改变了战术，在开赛后，冲出第一集团开始领走，直到最后 1 km，顶住对手的压力，微笑着冲过终点。这枚金牌的获得是由教练员集中指导，运动员敏捷执行，最终解决场上问题。

田径技战术的训练都是为了比赛，课堂教学过程中我们运用模拟比赛来考验学生的服从意识和战斗能力，从而使学生的"核心意识"显性表现。教学比赛阶段，我们将学生分成赛场上的每个角色，让学生体会作为核心下达要求的任务使命感和作为配合核心发挥自身作用的责任感，并在教学比赛之后组织学生进行赛后感言，相互交流，从而提升学生"学会做领导"和"学会被领导"的职业素养，帮助他们在今后的职业生涯中稳固思政精神。

二、思政育人

(一)思政育人主题

核心意识。

(二)思政主题释义

核心意识:在团队比赛中,要注重以教练为核心,由教练员集中指导,运动员敏捷执行,最终解决场上问题。

三、素材应用

(一)素材媒体形式

本案例以文档和图片的形式展现。

(二)素材应用建议

在体育课分组教学中:每个小组都需要有领导者来协调团队成员,制定策略,并在教学过程中发挥带头作用,完成体育课技术的学习。

(三)引用及版权说明

此教学素材案例为笔者撰写,素材中相关文献资料来源均无知识产权异议纠纷;此案例可用于体育课题教学。

(四)素材应用示例

1.案例可应用于全校学生在田径课程中的学习

教学内容:用"核心意识"培养学生学会尊重他人意见,也培养学生学会成为核心,能做到用创新思维去建立"核心意识",通过田径接力运动感受核心指导的重要性。在日常教学活动中,形成以教师为核心的学习模式,在教师的指导下进行学习。

2.教学设计

(1)教学目标:

认知目标:使学生通过田径运动培养核心意识;强调教学常规要求。

技能目标:通过学、练,90%的学生基本掌握田径基础技术,10%的学生初步掌握田径基础技术。

身体目标:通过身体素质和动作技术练习,锻炼学生心肺功能,发展学生身体素质。

(2)课程思政融入方法:通过小组学习的形式,让部分学生担任组长,以组长为核心,起带头作用,在日常教学活动中组织组员进行学习,以此促进学生核心意识的提升。

(3)课程思政教学实施过程:教学比赛阶段,我们将学生分成赛场上的每个角色,让学生体会作为核心下达要求的任务使命感和作为配合核心发挥自身作用的责任感,并在教学比赛之后组织学生进行赛后感言,相互交流,从而得出学生"学会做领导"和"学会被领导"的职业素养,帮助他们在今后的职业生涯中稳固思政精神。

3.教学效果

通过田径课程有利于促进学生的核心意识,形成"学会做领导"和"学会被领导"的职业素养,通过核心意识,使学生在团队活动中能够很好地扮演带头角色或者被带领的角色,促进学生各方面能力的发展。在田径教学过程中,给学生提出一定的学习目标要求,让学生进行自我练习,当学生在练习中遇到困难的时候,比如对某项技术无法把握时,不应该立刻寻求教师或者他人的帮助,而应该挑战这个困难,想办法自我克服。

在教学生基础技术的同时,通过紧张激烈的竞技比赛过程,提升学生的竞技意识,从而培养学生敢于挑战的意志精神。这不但对于田径技术的学习十分重要,也会促使他们在今后的学习、工作和生活中勇于面对一个又一个的实际问题,从而促进学生更好的发展。

4.教学反思

目前只做到了让部分学生担任核心,而无法使每个学生都体验这个角色,因此需要进一步优化教学模式。

(作者:于琪)

案例5 坚定意志,顽强斗志,塑造完美自己

一、素材介绍

(一)案例素材名称:

坚定意志,顽强斗志,塑造完美自己。

(二)素材内容简介

廖同学,西北工业大学航海学院 2015 级本科生、2019 级硕士研究生、学校田径队阳光组中长跑运动员。大一加入田径队后,凭借着顽强的斗志、吃苦耐劳的品质,获得多项荣誉并打破多项陕西省大学生纪录。他获胜的关键不在于瞬间的爆发,而在于途中的坚持。

2021 年 7 月 31 日至 8 月 4 日,第二十届中国大学生田径锦标赛在杭州浙江大学开幕。西北工业大学中长跑队员廖同学将在本次比赛中迎接男子甲组 5 000 m、10 000 m 的挑战。首先挑战的是 5 000 m 决赛,高达 40 ℃的高温,廖同学信心满满站到小组赛的跑道起点,最终克服酷暑,以小组第一冲过终点,获得了铜牌的战绩,但心有不甘,在教练的耐心开导下保持着平常心迎来了男子 10 000 m 决赛,开赛前老天开眼一阵雷阵雨,没想到雨后天晴,迎来了更加闷热的天气,娇阳高照,地面返着热气,20 多人的 10 000 m 决赛开赛了,廖同学吸取上次比赛的教训,跟在队伍中稳定的跑进,最后 1 km,在所有队员忍着酷暑艰难地前行时,他一鼓作气冲出队伍,咬牙坚持,依靠自己顽强的意志以 50 多米的优势冲过终点,取得了冠军。10 000 m 夺冠,不仅仅是一项冠军,更是克服酷暑、依靠自己顽强的斗志、奋斗拼搏取得的胜利果实。

二、思政育人

(一)思政育人主题

坚定的意志,顽强的斗志。

(二)思政主题释义

坚定的意志,顽强的斗志对于每个人来说不是生来具有的,需要通过某种载体来培养它,个体才会变得越来越顽强。中长跑即是一种很好的载体,但对于大部分人来说是谈跑色变。真正走进中长跑,会让你对它割舍不下,中长跑会让你获得精神上的优越感,培养跑者的坚持与耐心,会让你深切体会到成功需要长时间的坚持及耐心,把握关键时刻,等待机会。能够培养一个人的受挫能力和坚韧不拔的品质,可以教诲我们超越自我,找到战胜困难的勇气和决心。

三、素材应用

(一)素材媒体形式

本案例以文档的形式展现。

(二)素材应用建议

引入该案例培养大学生遇到困难时要有坚定的信念、顽强的斗志,追求卓越、一定能胜利的信念。

(三)引用及版权说明

此教学素材案例为笔者撰写,素材中有相关文献资料来源均无知识产权异议纠纷。

(四)素材应用示例

1.案例可应用于大学体育与健康类田径专项课程学习

教学内容:中长跑技术学习主要包括对学生的基本技术教学,同时深入挖掘身边优秀体育资源融合到体育教学中长跑教学中,激发学生的优良品质。

2.教学设计

(1)教学目标:

认知目标:加强学生对技术难度的认知,通过思政素材的融入,激发学生对中长跑运动的兴趣,克服难度畏惧心理。

技能目标:通过学习与练习,大部分学生基本掌握中长跑技能,认识到自己错误动作并加以改正。

身体目标:通过身体素质和动作技术练习,锻炼学生的心肺功能,发展学生协调、灵活性等身体素质。

(2)课程思政融入方法:一方面,讲解本案例以及本案例主人公事迹;另一方面,激励学生自身参与到中长跑以及其他田径课程学习中,培养学生遇难不妥协、勇于向前的体育精神。

(3)课程思政教学实施过程:一是在难度较大、大家掌握较差,容易失去信心的技术教学过程中或身体素质测验耐力跑时,融入本案例素材事迹,结合廖同学在赛场上的拼搏精神和学习的优异成绩,进而引导学生感受坚持的力量,以及坚持过后获得成功的愉悦,塑造大学生完善的个性心理,体会西北工业大学总师育人文化培养"专业精、系统强、重实践、能担当"的总师目标,感受信仰的力量。

3.教学效果

通过中长跑田径课程的教学,切实强化学生的体能,并在学练过程中集中展现榜样的力量,顺利完成教学目标。

4.教学反思

对于本案例个案采用,虽能激发大部分学生学习中遇到困难时咬牙坚持、奋勇向前品质,但说服力稍欠缺,应多渗透身边优秀案例,使所有学生受到激励,不但圆满完成教学任务,对大学生以后生活中碰到的困难也会通过自己坚定的信念、顽强的斗志去解决。

（作者:牛清梅）

参 考 文 献

[1] 聂东风,王成.体育与健康(运动专项版)[M].西安:西安交通大学出版社,2023.

[2] 李志刚.大学生体质健康与健身教程[M].北京:高等教育出版社,2018.

[3] 翟万江.初心承载航空梦 创新铸就报国魂:记航空工业直升机所总设计师邓景辉[J].中国科技产业,2023(8):68-70.

[4] 高涵,张本家.大学体育[M].北京:科学出版社,2010.

[5] 罗红,夏青,王玮.大学体育教程[M].北京:高等教育出版社,2021.

[6] 武笑玲,高茂章.大学体育教程[M].北京:科学出版社,2020.

[7] 朱晓菱.高校体育课程思政设计与探索[M].上海:上海大学出版社,2023.

[8] 方武.课程思政与高校体育课堂教学的融合研究[M].北京:中国纺织出版社,2022.

[9] 刘永胜.培根铸魂启智润心:课程思政优秀教学案例集[M].北京:首都经济贸易大学出版社,2022.

[10] 刘永超.长征精神基本内涵与时代价值探析[J].世纪桥,2024(1):11-13.

[11] 丰硕,李华岩.长征精神融入高校思想政治教育探析[J].学校党建与思想教育,2023(12):17-19.

[12] 高晓峰.体育课程思政的历史传承、理论内涵与实践路径[J].北京体育大学学报,2022,45(6):36-47.

[13] 张松奎,翟丰,孙冰洁.国际篮坛竞争格局分析[J].体育文化导刊,

2010(7):37 – 40.

[14] 卢毅.从抗美援朝战争看增加历史自信、增进团结统一、增强斗争精神[J].党建,2022(2):41 – 42.

[15] 陈怡,仇俊琴.长津湖战场的英雄部队:志愿军一七七团[J].百年潮,2025(2):28 – 35.

[16] 雒小雨.从逐梦到领航,他见证着中国篮球的足印:专访陕西省篮球协会主席王立彬[J].体育世界,2023(11):130 – 133.

[17] 杭兰平,李杉,张睿,等.对 CUBA 篮球人才培养体系的研究:兼谈对"体教结合"培养模式的探讨[J].西安体育学院学报,2011,28(5):559 – 564.

[18] 陈磊,郑薇,王国晗,等.2022 年女篮世界杯前八名球队实力分析:中国女篮 2024 年巴黎奥运会的前景展望[J].首都体育学院学报,2024,36(2):217 – 226.

[19] 王家宏,郑国荣.中国式体育现代化与体育强国建设[J].武汉体育学院学报,2022,56(12):10 – 16.

[20] 张明,王严淞,徐亚楠,等.体育专项课课程思政教学评价模型与体系构建研究[J].北京体育大学学报,2024,47(11):113 – 123.

[21] 邱妍妍.新时代高校体育课程思政建设的价值,挑战与推进路径[J].体育科技文献通报,2024,32(12):202 – 204.

[22] 程传银,魏源.高校体育课程思政元素的萃取解析及应用策略[J].南京体育学院学报,2024,23(8):1 – 8.

[23] 于金泽,丁焕香.体育心理学课程思政案例分析:以高校排球运动为例[J].冰雪体育创新研究,2024,5(20):172 – 174.

[24] 陈志生,蔡文菊.国际关系建构背景下中国体育参与公共外交的发展战略研究[J].北京体育大学学报,2014,37(3):6 – 13.

[25] 刘文明,唐建军.乒乓球序贯行动博弈的纳什均衡[J].北京体育大学学报,2015,38(7):140 – 144.

[26] 郭鑫华,徐耀铎.高校触式橄榄球课程思政建设的价值与路径[J].科教导刊.2022(15):139 – 141.

[27] 孙建.毛泽东、邓小平、习近平体育观及运动实践比较研究[J].南京体育学院学报,2022,21(10):1-8.

[28] 王姗姗,刘瑞.条件精创:中华体育精神融入体育课程思政的建设策略[J].天津体育学院学报,2025,40(2):148-155.

[29] 董翠香,熊明亮,韩改玲,等.体育学类专业课程思政建设的逻辑遵循与推进路径[J].体育学刊,2025,32(2):106-113.

[30] 赵富学.由"零散"向"标配"转变:体育课程思政建设的有效进路研究[J].体育与科学,2025,46(1):53-61.

[31] 胡德平.高校体育课程思政与思政课程同向同行:理论逻辑、实践障碍与推进路径[J].上海体育大学学报,2024,48(11):9-22.

[32] 郭赟程,鲁长芬.体育课程思政建设的理论框架与推进策略[J].体育学刊,2024,31(5):80-87.

[33] 常媛媛,李艳涛,武杰.中华体育精神融入高校体育课程思政教学的三重维度[J].教育理论与实践,2024,44(24):37-41.

[34] 韩流,李丹.高校体育教学融入思政教育元素的探讨:评《高校体育课程思政设计与探索》[J].科技与出版,2024,(7):143.

[35] 王坤,陈国壮.高校公共体育课程思政元素内容体系构建与项群化应用:以上海交通大学为例[J].体育学刊,2024,31(1):103-109.

[36] 张一弛,张萍.中华体育精神融入体育课程思政探究[J].体育文化导刊,2023,(11):95-102.